Sahmin Falsafad Soomaaliyeed

SAHMIN FALSAFAD SOOMAALIYEED

NUURADIIN ASKAR IBRAAHIM

LEICESTER | MOGADISHU
1447/2025

LOOH PRESS LTD.

Copyright © Nuuradiin Askar Ibraahim, 2025
Dhowran © Nuuradiin Askar Ibraahim, 2025
First Edition, First Print August 2025
Soosaariddii kowaad, Daabacaaddii kowaad -Agosto, 2025

All rights reserved.
Xuquuqda oo dhammi way dhawrantahay.
Buuggan dhammaantiis ama qayb ka mid ah sina loo ma daabici karo loo mana kaydsan karo elegtaroonig ahaan, makaanig ahaan ama hababka kale oo ay ku jirto sawirid, iyada oo aan oggolaansho laga helin qoraaga. Waa sharci-darro in buuggan la koobbiyeeyo, lagu daabaco degellada internetka, ama loo baahiyo si kasta oo kale, iyada oo aan oggolaansho laga helin qoraaga ama cid si la caddayn karo ugu idman maaraynta xuquuqda.

WAXAA DAABACAY:
Looh Press Ltd.
Leicester, England. UK
Muqdisho, Soomaaliya
W: www.LoohPress.com
E: LoohPress@gmail.com
T: +44 79466 86693
T: +252 61 0743445 / +252 61 8707573

Wixii talo ama falcelin ah ka la xiriir qoraaga:
nuradiin5@hotmail.com

Tifaftire	: Bodhari Warsame
Gal	: Looh Press
Naqshadayn	: Kusmin (Looh Press)

Cinwaankan wuxuu ka diiwangashanyahay Maktabada Biritan.
A British Library's Cataloguing-in-Publication (CIP) record for this book is available from the British Library.

ISBN
978-1-912411-34-4   : Gal adag (Hardback)
978-1-912411-35-1   : Gal khafiif ah (Paperback)

*Waxaan Ku billaabi
Magaca Eebbe,
Naxariistaha,
Naxariista badan*

SAHMIN FALSAFAD SOOMAALIYEED

HIBEYN

Buuggan waxaan u hibeeyay ummadda Soomaaliyeed oo aan doonayo in aan ku la dardaarmo sidan: Ummad waliba waxay leedhay taariikh isugu jirta wanaag iyo xumaan. Hase ahaatee, kuwa ku guuleysta in ay wax ka bartaan khaladkooda taariikheed waxay ku naalloodaan horumar iyo Sharaf, kuwa ku guuldareystana waxay ku dambeeyaan qashin-qubka taariikhda, dibudhac iyo dulli.

SAHMIN FALSAFAD SOOMAALIYEED

TUSMO

HIBEYN..vii
HORDHAC... xiii

1. **FALSAFADDA SIYAASADDA**..3
   1.1 Jiilkii u Horreeyay Siyaasiyiinta Soomaaliya iyo Qaabkii uu ku Sameysmay...4
   1.2 Xaaladda Qabyaaladda..10
   1.3 Qeexidda Erega Qabyaalad..11
   1.4 Is-barbardhigga Aragtida Abwaan Timacade, Thomas Hobbes, John Locke iyo Jean Jacque Rousseau........... 18
   1.5 Jamhuuriyadda Timacadde..23
   1.6 Heshiis Bulsho.. 28
   1.7 Dimuqraaddiyadda Soomaaliya..31
   1.8 Qeexidda Ereyga dimuqraaddiyad.......................................32
   1.9 Qur'aanku Muxuu ka Yiri dimuqraaddiyadda?.............................35
   1.10 Nabi Maxamed (NNKH) Sidee Ayuu u Dhaqan-galiyay dimuqraaddiyadda Qur'aanka?...37
   1.11 Qaranyahan.. 42
   1.12 Qeexid Ereyga Qaranyahan.. 42

2. **FALSAFADDA AKHLAAQDA**... 53
   2.1 Qeexid Ereyada Akhlaaq iyo Qiyam..................................... 54
   2.2 Shakhsiyadda Qofka Soomaaliga ah..................................... 56
   2.3 Falsafadda Akhlaaqda ee Socrates..................................... 65
   2.4 Taariikhda Socrates oo Kooban.. 66
   2.5 Caddaaladdu Waa Akhlaaq.. 69
   2.6 Is-burrinta Doodda Meno...73
   2.7 Euthyphro; Laba Daran Mid Dooro?......................................75
   2.8 Aragtida Akhlaaqda ee Muctazilada iyo Ashaacirada 78
   2.9 Aragtida Akhlaaqda ee Aristotle......................................80
   2.10 Falsafadda Akhlaaqda ee Jeremy Bentham 83
   2.11 Falsadda Akhlaaqda ee Immanuel Kant................................ 85

2.12 Falsafadda Akhlaaqda ee Abwaan Timcadde 89

3. **FALSAFADDA AQOONTA** **95**
   3.1 Falsafadda Aqoonta Ee Socrates 102
   3.2 Qeexidda Ereyga Aqoon 104
   3.3 Aragtida Aqoonta ee Plato 106
   3.4 Khadka Qeybsan ee Plato 110
   3.5 Falsafadda Aqoonta ee Aristotle 112
   3.6 Aragtida Cilmiga ee Sophists 121
   3.7 Falsafadda Aqoonta ee Shakileyda 124
   3.8 Aragtida Cilmiga ee Wadaaddadii Kaniisadda 127
   3.9 Aragtida Cilmiga ee Plotinus 128
   3.10 Aragtida Cilmiga ee St. Augustine 131
   3.11 Falsafadda Aqoonta ee Culimada Muslimiinta 133
   3.12 Falsafadda Aqoonta Gudaha iyo Tan Dibadda 135
   3.13 Aqoonta Bulshada 138
   3.14 Aqoonta Cilmiga Bulshada 140
   3.15 Falsafadda Aqoonta ee Abwaan Timacadde 141
   3.16 Gabagabo 143

4. **FISIGISKA KA DIB (*METAPHYSICS*)** **147**
   4.1 Qeexidda Ereyga **Metaphysics** 149
   4.2 Metaphysics-ka Guud 150
   4.3 Ahaanshaha Sida uu Yahay 150
   4.4 Micnaha Ahaanshaha 152
   4.5 Kadis ku Ahaaday 152
   4.6 Ahaanshaha Suuragalka ah iyo Kan Dhabta ah 153
   4.7 Micnaha Ahaansho Run ah 154
   4.8 Ahaanshaha Marka Loo Eego Noocyadooda 154
   4.9 Metaphysics-ka Gaarka ah 155
   4.10 Caqiidada Dabiiciga ah 155
   4.11 Cilmiga Dunida 157
   4.12 Falsafadda Raadraaca Bani'aadanka 158
   4.13 Gabagabo 159

5. **FALSAFADDA SUUGAANTA** **163**
   5.1 Qeexidda Ereyga Suugaan 164
   5.2 Falsafadda Suugaanta Soomaalida 166

5.3 Sheeko Mala-awaal ah oo Aniga iyo Abwaan
    Timacadde na Dhex Martay.! 168
5.4 Sharraxaad Falsafadeed ka Bixin Gabayga 174
5.5 Soomaaliya Sidee Ayey ku Sameysantay? 175
5.6 Sidee ku Burburtay Soomaaliya? 177
KU SAABSAN QORAAGA 179
TIXRAAC 181
RAADRAAC 191

SAHMIN FALSAFAD SOOMAALIYEED

HORDHAC

In indhaha caad kaa fuulo oo aad si fiican wax u arki weydo waxaa ka xun in maanka caad kaa fuulo oo aad kala saari weydo sax iyo khalad, xaq iyo baadi, dulmi iyo caddaalad, iyo xitaa in xumaha aad wanaag u aragtid samahana xumo. Haddaba marka bulsho ay rabto in ay ka baxdo xaaladda ay ku jirto waa in laga helo labo arrimood midkood; in caqligu is-baddelo ama jiilku is-baddelo. Haddii la waayo labadaas midkood, waxaa laga dhaxlaa iska-daba-wareeg iyo in lagu dhaco meerto aan dhammaad lahayn. Sidaas awgeed, buuggan wuxuu soo bandhigayaa aragtiyo keenaya in bulshada Soomaaliyeed uu ku dhaco is-baddel dhan walba ah. Sida aniga uu iigu dhacay is-baddel dhinac walba ah intii aan qorayay buuggan, waxaan qabaa in akhristaha buuggan uu is-baddel dhan walba ahi ku dhici doono.

Buuggu wuxuu soo bandhigayaa aqoon ku dhisan falsafad kobcineysa garaadka qofka kana dhigeysa qof leh awood feker togan (*critical thinking*) iyo in uu xallin karo dhib walba oo la soo darsa (*problem solving*). Falsafaddu wey ka sarreysaa aqoonta inteeda kale, maxaa yeelay waa cilmi ku dhisan xikmad asaas u ah aqoonta lafteeda. In kastoo xiriirka ka dhexeeya waaqica iyo aqoontu uu yahay in aqoontu baaris ku sameyso dhacdada, si loo gaaro wax-ka-beddelka iyo hagaajinta waaqica nolosha, balse ma aha in aqoontu daba gasho waaqica, iyadoo uga sii dareysa xaaladda jirta, taasina waa farqiga u dhexeeya aqoontu marka ay xikmad wadato iyo marka ay ka marantahay.

Buuggan waxaan intii karaankeyga ah ku dadaalay in aan falsafadda u soo daadajiyo nolol-maalmeedka iyo garaadka qofka caadiga ah, si uu maskaxdiisa u maalo. Anigoo og in falsafadda laga aamminsanyahay aragti khaldan iyo in ay tahay feker dahsoon (*feker qayaxan*) iyo maaddo qallafsan oo fahankeedu adagyahay, haddana waxaad ogaataa in aan mar walba adeegsanno falsafad. Tusaale; mar walba oo aad la yaabto ama ka fekerto naftaada, nolosha, dunida kugu meeran iyo waxa ka dambeeya waxaa tahay feylasoof. Hawshaas fekerka ah, adiga kaligaa samee ama dad kale la wadaag e, waxaad haysaa shaqada falsafadda. Dhanka kale, carruurta waxaa lagu tilmaamaa in ay yihiin falaasifo dabiici ah (*natural born philosophers*), maxaa yeelay waxay mar walba weydiiyaan dadka su'aalo taabanaya nuxurka jiritaanka guud iyaga oo aan ka baqaneyn in ay saxanyihiin ama khalad ku dhacaan. Sababtu waxay tahay; carruurtu waxay leeyihiin caqli oomman oo doonaya in uu wax walba ogaado (*curious mind*). Caqligaas oomman waxaa dila bulshada oo ilmaha yar su'aashiisa halkii looga jawaabi lahaa la af-jigo, iyadoo lagu niyad jabinayo da'diisa, "naga aammus waad yartahaye," iyo in maankiisa curdinka ah aanu wali gaarin fahanka waxyaabaha qaar, taasi oo marka dambe cunugga ku abuurta cabsi iyo xishood uu su'aalaha nolosha taabanaya weydiintooda ka dhowrsado oo afkiisa qabsado halkaasna uu maankiisu ku guro.

Waxaan hubaa in haddii bulshada laga qeyb galiyo doodaha falsafadda in laga faa'iidi lahaa waxyaabo fara badan oo ay ugu horreeyaan; fekerka togan, curinta hal-abuur aragti, is dhageysi iyo wada xaajood ilbaxnimo ku dhisan (*civil dialogue*) oo halka qofku codkiisa kor u qaadi lahaa uu dooddiisa kor u qaado tayadeeda, waxaa la heli lahaa bulsho karti u leh xallinta arrimaha adag ee nolosha la soo gudboonaada. Haddaba, akhriste waxaan kaa rabaa in aad wakhti yar qaadato oo aad is-weydiiso ma ku soo martay noloshaada adigoo kaligaa ah oo yaabban in aad ka fekertay wax ama arrin ka dibna aad dadka la wadaagtay oo si fiicanna laguu dhageystay? Waligaa ma is-weydiisay su'aalaha ah; nolosha micneheedu muxuu yahay? Waa maxay caddaalad? Waa maxay xorriyad? Maxay tahay qurux?, iyo kuwa la midka ah. Haddii aad is-weydiisay su'aalahaas waxaad tahay feylasoof.

Buugga luqadda aan ku qoray waa afka Soomaaliga si dadka Soomaaliga akhriyaa ay fursad ugu helaan in aqoon falsafad ah ay ku akhristaan afkooda hooyo. Runtii aad bey ii farxad galineysaa in aan qeyb ka qaato tayeynta iyo sare u qaadista afka Soomaaliga, ilaa heer uu gaadho in lagu qoro aqoon falsafadeysan. Waa tii hore loo yiri "afku waa weelka fekerka," taas oo ku tuseysa xiriirka ka dhexeeya afka iyo garaadka. Haddii si kale loo dhigo, inta afkaagu la'egyahay ayuu garaadkaaguna la'egyahay, haddii afkaagu liitana garashadaadu wey liidataa. Afka Soomaaligu waa af mug weyn oo kumannaan sano lagu hadlayay. Waa af qaadi kara aqoonta noocyadeeda kala duwan lana jaanqaadi kara is-beddel walba oo dhaca, nooca uu doono ha noqdee. Nasiib darro, xilligan aan joogno afka Soomaalioga waxaa dayacay dadkiisa oo meel cidla' ah uga tagay, wuxuuna noqday af agoon ah oo aan lahayn cid daryeesha. Gubasho iyo qiiro aan ka qaaday arrinkaas dartiis waxaan doortay in aan buuggan ku qoro afka Soomaaliga, si dib loogu soo nooleeyo, maadaama laga cabsi qabo in uu afka Soomaaliga ka mid noqdo afafka dabargo'aya qarniyada soo socda!

Ereyo waxaa jira aan ku soo kordhiyay afka Soomaalioga oo buugga ku jira, waxay ay yihiin kuwan:

1. Qaranyahan   Statesman
2. Fursadle   Opportunist
3. Maanbidis   Rationalism
4. Dareenbidis   Empiricism

Haddaba, waxaba yaanu hadlaku i la tagin e, aan idiin kala baxo akhriste adiga iyo buugga.

CUTUBKA 1
FALSAFADDA SIYAASADDA

 SAHMIN FALSAFAD SOOMAALIYEED

FALSAFADDA SIYAASADDA

Qaabdhismeedka bulshada Soomaalida, ka hor gumeysiga reer galbeedka, ku ma jirin waxa loo yaqaanno Siyaasi. Hase yeeshee, siyaasiga Soomaaliga ahi waa gacankurimis gumeysi taag daran oo sii cararaya uu meesha u sii dhiibtay, si uu dusha uga ilaashado danihiisa waddanka Soomaaliya uu ka lahaa. Gumeystaha reer Galbeed wuxuu meesha kaga tagay "*Banana Republic*" (jamhuuriyadda mooska) ee ma aheyn dowlad casri ah (*modern state*)." Waxaa taasi daliil u ahaa doorashadii lagu shubtay ee baarlamaanka oo 26 Maarso, 1969, ka dhacday dalka oo ay ka qeyb galeen 64 xisbi siyaasadeed oo qabyaalad ku dhisan!

Gabayga "Dugsi ma leh qabyaaladi" waxaa la tiriyay xilligaas, wuxuuna abwaan Cabdullaahi Suldaan Timacadde ku dhaliilay jiilkii ugu horreeyay ee siyaasiyiinta Soomaalida iyo sida ay ugu guuldarreysteen dhismaha dowladnimada. Laga soo bilaabo xilligaas iyo wakhtigan aynnu joogno, Soomaalidu waxay dhaqankii baaddiyaha ee ku saleysnaa fowdada, kala dhaca xoolaha, ceelasha biyaha iyo deegaanka ku saleeyeen siyaasadda, siyaasadduna waxay rabtaa ilbaxnimo, nidaam iyo dastuur. Haddii aad rabto tusaale nool, waxaad eegtaa qaabka baarlamaaka Soomaaliya ee dowladda federaalka ay xubnaha baarlamaanka ku fadhiyaan labada aqal, golaha wasiirrada, iyo dhammaan hay'adaha dowladnimada! Siyaasadda oo ah meesha ugu nidaamka badan adduunka ayey ka dhigeen meesha ugu fowdada badan adduunka *Qabyaalad iyo 4.5*.

Marka wadaadka iyo hoggaamiye dhaqameedka oo iyagu leh sooyaal, dhaxal keyd ah, asal, aqoonta dhaqanka iyo xeerka ummadda Soomaaliyeed la babar dhigo siyaasiga Soomaaliga ah, siyaasigu wuxuu noqonayaa qof aan intaas midna lahayn; tiiyoo ay u weheliso reer baaddiyanimo, jahli, musuqmaasuq iyo karti xumo. Dhaliisha caqliga siyaasiga Soomaaliga ah, qaabkii uu u sameysmay iyo waxyaabihii sababta u ahaa in uu soo ifbaxo ayaa ah mid u baahan in si wanaagsan la isu dul taago, si ay u caaddaato dhibaatada ina ka haysata dhanka siyaasadda iyo sidii xal waara loogu heli lahaa. Qodobkan ayaa ah midka aan kaga hadli doono cutubkan. si faahfaahsan.

1.1 Jiilkii u Horreeyay Siyaasiyiinta Soomaaliya iyo Qaabkii uu ku Sameysmay

Sida uu ku dooday feylasoof Jarmal ah oo magaciisa la yiraahdo Oswald Spengler (1980-1936), xidhiidhka ka dhexeeya gumeysiga iyo dadka la gumeystay waxaa tusaale u ah in sida geedka buurta dusheeda ka baxa ay buurtu iyadoo cadaadineysa xididkiisa u qaabeyso ka dibna si qalloocan u baxo geedku, si la mid ah ayuu gumeysigu u qaabeeyaa sida ay rabaan in uu u ekaado shacabkaas.

Xaaladdaas marka ay timaaddo, bulshadu waxay yeelataa qaab dhalan-rogan oo la foolxumeeyay cadaadiska iyo culuyska kaga imanaya gumeysiga dusha ka saaran awgeed. Sidan ayuuna gumeystihii Talyaanigu u qaabeeyay siyaasiga Soomaaliga ah xilligii uu waddanka haystay xornimada ka hor iyo intii ka dambeysayba. Marka la barbar dhigo Ingiriiska, Talyaanigu wuu kaga saameyn badnaa foolxumeynta iyo jahawareerka siyaasadda iyo siyaasiga Soomaaliga ah.

Intii u dhaxeysay 1900-1920 waa xilligii Talyaanigu hirgaliayay mashruuciisa gumeysiga ee koonfurta Soomaaliya. Xilligan waxaa dalka lagu abuuray dad Talyaani ah oo la dajiyay inta u dhaxeysa labada wabi ee Jubba iyo Shabeelle, kuwaas oo la siiyay mashaariic waaweyn oo beeraha mooska iyo qasabka sonkorta laga sameeyo ah. Mashaariicdaasi waxay ku yiilleen magaalooyinka Jannaalle, Jowhar iyo Kismaayo. Taas ayaana keentay in loo baahdo shaqaale Soomaali ah oo qabta howlaha hoose oo ay ka faanayaan gumeystaha Talyaaniga, sida; beero falidda, xammaalka, karraani, xogheynta xafiisyada, darawalnimada, karinta raashinka, askarnimo, turjumaan iwm.

Shaqooyinkaasi waxay ku koobnaayeen dad gooni ah oo xidhiidh wanaagsan la lahaa gumeystihii Talyaaniga waxayna u badnaayeen kaabbo-qabbiiladii heshiiska la sixiixday markii uu waddanka qabasanayay. Fursadihii ugu horreeyay ee shaqo iyo waxbarasho waxaa helay carruurta iyo qaraabada kaabbo-qabiilladaas, kuwaas oo markii dambe noqday jiilkii ugu horreeyay ee siyaasiga Soomaliga ah.

Shaqadii ugu horreysay ee uu qabtay siyaasiga Soomaaliga ah waxa ay aheyd intii u dhaxeysay 1954-1960, waana markii UN (Qaramada Midoobay) ay Soomalliya u diyaarienysay qaadashada madaxbannaanida. Waxaa dalka laga hirgaliyay mashruucii diyaarinta jiilkii hanan lahaa hoggaanka dalka. Waana Xilliga ay soo if baxayso in siyaasiga Soomaaligu yahay mid ku sifoobay; qabyaalad, reer baaddiyanimo, fawdo, eex, musuqmaasug iyo karti xumo isku darsaday. Tiiyoo gumeystihii Talyaaniguna ku sii ababiyay siyaasadiisii iyaduna ku dhisneyd; qoysnimo, musuqmaasuq, eex, siyaasad fawdo ku dhisan oo xisbiyada siyaasaddu xad-dhaaf yihiin iyo xasillooyi la'aan siyaasadeed, labadaas dhaqan xumo oo is biirsaday ayaa ah qaabkii uu u sameysmay jiilkii ugu horreeyay ee siyaasiga Soomaaliga ah iyo meeshii uu ku soo hanaqaaday. Waa meesha uu abwaanka Soomaaliyeed ka yidhi;

"Isma doorin gaalkaan diriyo daarta kii galaye
Dusha midabka Soomaali baad dugulka mooddaaye
Dambi ku hadli maayee ma arag dowladdaan rabaye
Misna lagu ma diirsade qalbigu waa dirkii Karel e"

Caadadaas xun ee uu ku sifoobay siyaasiga Soomaaliga ah waa ay ka sii dareysay marba marka ka dambeysa, ilaa laga soo gaaro dilkii Allaha u naxariistee madaxweynihii dalka Soomaaliya, Cabdirashiid Cali Sharma'arke ,15 Oktoobar, 1969. Afgambigii dhacay 21 Oktoobar, 1969, waxa uu uga sii daray siyaasadda dalka iyo caadadii uu lahaa siyaasiga Soomaaliga ah. Waxaa bilowday xukun kali-talis ah oo meesha ka saaray dastuurkii dalka, dimuqraaddiyaddii iyo xorriyadda hadalka qofka muwaadinka ah. Siyaasaddii waxay ku soo ururtay qoriga caaraddiisa iyo gacan ka-hadal xad-dhaaf ah, sida dil iyo xarig.

Sida aan horay u sheegnay, siyaasiga Soomaaliga ah caadooyinkiisa kuwa ugu xun waxaa ka mid ah qabyaaladda, karti xumo iyo musuqmaasuga; ha ahaado rayid ah ama askari, xukunka ha hayo ama mucaarad ha noqdo, is-beddel kasta oo dhacay wali waa sidiisii. Sidaas awgeed, jabhadihii hubeysnaa ee ku kacay xukunkii millatariga Siyaad Barre dhammaantood waxay salka ku hayeen qabyaalad ee ma aheyn dad isku baheystay aragti, fikir iyo nidaam ka dhexeeya oo ay dalka iyo dadka ku badbaadinayaan. Siyaasigii jabhadda qabiilka hubeysan kiciyay wuxuu riday nidaamkii millatariga ahaa ee dalka ka talinaya 21-kii sano (1969-1991). Sidoo kale, waxay burburiyeen dowladnimidii Soomaaliya ee la yagleelay 1960-kii gumeysiga ka dib (*post-colonial state*). Halkaas waxaa ku cad garaad xumida siyaasiga Soomaaliga ah iyo in aanu kala saari karin dowladnimada iyo qofka ay is-hayaan, waana meesha uu Professor I M Lewis buuggiisa *Pastoral Democracy* si toos ah ama si dadban ugu dhaliilayo Soomaalidu in aysan aragti iyo fahan fiican u laheyn sida loo maamulo dowlad casri ah.

Soomaaliya waxay noqotay qaran dumay (*collapsed state*) sanadkii 1991 dalkuna wuxuu galay dagaal sokeeye iyo burbur dhan walba ah oo ku dhacay shacabka Soomaaliyeed. Waxaa soo ifbaxay hoggaamiye-kooxeedyo (*warlords*) la oran karo waxay ka dhasheen fashilka siyaasiga Soomaaliga ah, waliba jiilkii ugu horreeyay laga dhaxlay. In kastoo Dagaal-ooge wax aan colaad aheyn ay iska muuqatay in aanu garashadeeda laheyn, haddana waxaa muuqatay in siyaasiga Soomaaliga ah aanu wax aqoon, caqli, iyo dammiir ah u soo kordhin ilaa muddo fog. Taasina waxay markhaatifur u noqotay markii shirkii Carta ee Jabuuti sandkii 2000 ay qabyaalaaddii qaranimada Soomaaliya dumisay oo xitaa jabhadihii hubeysnaa ay afkooda soo marin waayeen uu siyaasiga Soomaaliga ah ku dhisay dowladnimada Soomaaliya, saami-qeybsiga 4.5 (*institutional tribalism*).

Laga soo billaabo shirkii Carta Jabouti ee qabyaaladda lagu soo dhisay dowladda, siyaasiga Soomaaliyeed wuxuu si qaawan oo aan daaha gadaashiisa aheyn u la soo baxay qalloocii uu ku caan-baxay ee ahaa qabyaalad, karti xumo, musuqmaasuq, reer baaddiyanimo, gacan-ka-hadal iyo beenta aan cidna laga la gabbaneyn. Doorashooyinkii dhacay xilligii ku-meelgaarka iyo kuwii ka dambeeyayba oo ay ku jirto doorashadii ugu dambeysay ee 2022 waxaa dhacay musuqmaasiqii ugu weynaa ee siyaasadda Soomaaliya. Waxaa har cad lagu kala iibsanayay kuraasta baarlamaanka ee beeluhu ay ku soo dooranayeen xubnaha u matalaya baarlaanka labadiisa aqal lacago kursigiiba, si fallisaad ah oo kan ugu lacagta badan bixiya laga iibinayo.

Doorashadii madaxweynaha sidoo kale waxaa xildhibaannada lagu kala gadanayay codadkooda lacago fara badan oo murashaxiintu isku fallisayeen sidii mid walba uu isagu u noqon lahaa madaxweynaha soo-socda ee ku guuleysta doorashada DFS. Marka raadraac lagu sameeyo falalka noocan ah ee uu siyaasiga Soomaaliga ah caadeystay, waxay aheyd sifo lagu yiqiinnay musuqmaasuqa doorashooyinka iyo in la kala gato ama lagu shubto codadka, laga soo bilaabo wakhtigii ku-meelgaarka Soomaaliya loo diyaarinayay xorriyadda 1950-yadii, balse ma gaarin heerka ay mareyso xilligan aynu joogno ee ah in kuraasta iyo codadka laga ganacsado sidii badeecadda suuqa lagu kala iibsado oo kake.

Lacagahaas aadka u badan ee lagu bixinayo iibka kuraasta baarlamaaka iyo doorashada madaxweynaha ma aha mid ka imaneysa jeebka siyaasiga Soomaaliga ah, maxaa yeelay maba haysto lacagta intaas la'eg. Lacagtaas waxaa bixiyay waddamo shisheeye oo dano gurracan ka leh dalka Soomaaliya. Haddii si kale loo dhigo, siyaasiga Soomaaliga ah isaga laftiisa ayaa iib ah oo waddankii shisheeye ee lacagta ugu badan siiya ayaa iska leh siyaasiga Soomaaliga ah iyo waddanka Soomaaliya labadaba! Haddii ay u muuqato in meel cidla' ah uu ku soo dhacayo, siyaasiga Soomaaliga ah wuxuu kiciyaa qabiilkiisa oo uu hubeeyaa una sheegaa in qeybtii ay ku lahaayeen dowladda jirta ay ka maqantahay, sidaas awgeed ay dulmanyihiin ayna lagamamaarmaan tahay in dagaal lagu qaado dowladda, si xaqa qabiilka loo soo dhiciyo. Haddii si kale loo dhigo, Siyaasiga Soomaalig ah wixii uu ku raadin karo dantiisa gaarka ah, haba noqoto in dhiig la daadiyo, diyaar ayuu u yahay fulinta falkaas gurracan.

Haddii aan si kooban u dhigo, siyaasiga Soomaaliga ah wuxuu qaaday howl culus oo aanu tabar, tababar iyo diyaar midna u aheyn. Gumeysigii reer Galbeedka ka hor, awoodda hoggaanka bulshada Soomaaliyeed waxay aheyd mid ku firirisan bulshada dhexdeeda oo gacanta ugu jirta hoggaanka dhaqanka iyo diinta, awooddaasina waxay tiil baaddiyaha. Gumeysigu awooddaas oo idil wuxuu ku soo uuriyay gacanta siyaasiga Soomaaliga ah oo loo bixiyay magac cusub oo aan horey ugu jirin qaamuuska afka Soomaalida iyo dhaqankooda toona, waana ereyga "Siyaasi" (*politician*). Tiiyoo ilaa haatan ummadda Soomaalieed ayna wali ku baraarugsaneyn in siyaasaddu tahay wax siyaasiga Soomaaliyeed kaligii aan lagu aammini karin.

Siyaasigani wuxuu dhaxlay dowladii isticmaarku ka tagay (*post-colonial state*), waxaa kale oo uu dhaxlay dhaqankii xumee ee gumeysiga reer galbeedka iyo isagoo horay u watay dhaqamo xun oo aan la jaan-qaadi karin dowladnimada casriga ah. Intaas oo is biirsatay ayaa siyaasadda Soomaaliya ka dhigtay qashin-qub lagu daadiyo siyaasiga xambaarsan jawaan ay ka buuxaan intaas oo qashin ee aan kor ku soo xusnay. Qashin-qubka siyaasadda Soomaaliya iyo siyaasiga Soomaaliga ah waxaa ka dhexeeya xidhiidh toos ah, siyaasiga Soomaaligu waa midka abuuray qashin-qubkan siyaasadeed oo ah wax isaga ka yimid, qashinkuna isaga ayuu abuuray weyna isa saameeyeen is kuna milmeen ilaa la kala saari waayay.

Haddaba, su'aasha is-weydiinta mudani waxay tahay; haddii damac siyaasadeed aad ka leedahay Soomaaliya, ma waxaad soo qaadaneysaa xaaqin mise jawaan qashin ka buuxo?

Siyaasiga Soomaaliga ah waxaa gacantiisa ku burburay

dowladdii gumeysigu ka tegay (*post-colonial state*) dalkuna wuxuu noqday qaran dumay (*collapsed state*). In qaranimadii iyo haybaddii ummadda dib loo soo celiyana waxaa caqabad ku ah Siyaasiga Soomaaliyeed. Haddaba, su'aasha is-weydiinta mudani waxay tahay; haddii uu ku fashilmo siyaasigan maareynta marxaladda nidaamka federaalka (*federal system*), mustaqbal noocee ah ayey Soomaaliya yeelaneysaa? Innagoo waliba og halka lagu tartamayo in ay tahay xeerada salkeeda. Haddii nidaamka federaalka lagu fashilmo, Soomaaliya waxay u kala go'aysaa 7 dowladood oo yar-yar. 5 waa kuwa hadda xubnaha ka ah dowladda federaalka, 2 kalana waxa ay ka soo bixi doonaan waqooyiga Soomaaliya oo lagu wado in ay kala yihiin SSC Khaatumo iyo Soomaaliland. Sidaas waxaa isugu ekeyn doona khariidada Soomaaliya ee tirada 7-da u eg iyo inta dowladood ee yar-yar ay u qeybsami doonto. Masuuliyaddaas waxaa qaadi doona siyaasiga Soomaaliga ah, adduun iyo aakhiro labadaba.

1.2 Xaaladda Qabyaaladda

> *"Bal in ay dalfoof tahay caqli doonni laga saaray,*
> *wixii hore u soo daashaday bay degashaneysaaye!"*

Waxaa jira xeer dahabi ah (*golden rule*) oo ay maaddo cilmiyeed kasta leedahay. Tusaale, cilmiga maamulka iyo maareynta (*management*) waxaa xeer dahabi u ah oraah dhahaysa haddii aadan cabbiri karin ma maamuli kartid (*If you cannot measure it, you cannot manage it*).Sidaas si la mid ah, cilmiga falsafadduna waxay oraneysaa haddii aadan qeexi karin ha ka hadlin (*If you cannot define it, you cannot discuss it.*) Xeerka qeexidduna wuxuu leeyahay shuruudo ay lagamamaarmaan tahay in marka hore la buuxiyo, waxaana ka mid ah in uu yahay mid kulminaya is la markaana reebaya (جامع مانع).

Waxaan arkay in ka badan tobannaan qeexid oo ah ereyga "*Qabyaalad*" dhammaantood waxaan ku dhaliilayaa in ay is ku khaldayaan labada erey ee *qabiil* iyo *qabyaalad* oo ay u isticmaalayaan sidii in ay isku mid yihiin oo kale, mararka kalana micnihii oo si weyn loo ballaarinayo iyo in wax tixgalin gooni ah aan la siineynin qaabka ay u arkaan ama sida ay ku qeexeen ummadaha la il-daran dhibaatooyinka qabyaaladdu leedahay, sida Soomaalida oo kale.

Bulshooyinka sida aadka ah ay u burburisay qabyaaladdu waxaa ka mid ah dadka Soomaalida, tiiyoo Soomaalidu tahay ummad wax walba wadaaga haddana wax u fiyow aaney jirin. Sidaas awgeed, mar haddii xaaladdoodu mid goonni iyaga u ah ay tahay waa in marka hore la ogaado sida iyagu ay ku qeexeen ereyga qabyaalad iyo micnaha uu agtooda ka leeyahay. Sidoo kale, waxaa jirta maahmaah oraneysa "Wixii kaa dhuma dhawaqa iyo dhulkaa laga raadiyaa," dhawaqana waxaa Soomaalida hoggaanka u haya gabyaaga Soomaaliyeed oo isagu ah hal-abuurka iyo kobciyaha afka Soomaaliga iyo dhaqanka. Abwaannada waxaa soo labeeya aqoonyahanka ku takhasusay afka Soomaaliga iyo naxwihiisa, iyadoo la barbar-dhigayo luqadaha kale ee dunida. Taasina waa sababta aan ku doortay gabayga abwaan Timacadde iyo sida uu isagu u qeexay qabyaaladda, lana barbar-dhigay qaamuuska afka Soomaaliga waxa uu ka qoray iyo sida uu ku micneeyay ereyga qabyaalad.

1.3 Qeexidda Erega Qabyaalad

"Dugsi ma leh qabyaaladi waxay dumiso mooyaane!"

Qaamuuska afka Soomaaliga ee ay wada qoreen Annarita Puglielli iyo Cabdalla Mansuur ee la qoray sanadkii 2012 waxa uu ereyga qabyaaladda ku qeexayaa; in qabyaaladdu tahay nidaam ku saleysan kala qeybinta ummadda loo kala qeybiyo qoloqolo, la isugu eexdo qaab qabyaaladnimo ah. Waxaa isaguna qeexid middan aan ka fogeyn ku qeexay abwaan Timacadde oo yidhi qabyaaladdu waa haybsooc, cadaaweysi iyo fikrad khaldan oo aad ka aamminto qof, koox ama ummad dhan oo aad haybta ay ka soo jeedaan awgeed ugu xadgudubto ama ku maagto. Abwaan Timacadde wuxuu isticmaalay mabda'a kowaad ee Aristotle (*Aristotle's First Principle*), kaas oo laga bilaabo marka la doonayo in wax la qeexo. Haddaba, haddii fasiraaddan la' is la meel dhigo, waxaa fududaanaya in doodda inta soo hadhay la is la oggolaado (*axioms*), ka dibna meel la dhigo micnaha ereyga. Haddii ay sidaas tahay, waxaan wada oggolaannay in qabyaaladdu waxay dumiso mooyaane aan wax lagu dhisi karin.

Quraanka dhankiisa qabyaaladda wuxuu ku qeexay in ay tahay caado jaahili ah Islaamkuna dadka ka reebay ku dhaqankeeda. Sidoo kale, Nabi Maxamed (NNKH) wuxuu qabyaaladda ku micneeyay in ay tahay wax uraya (*Muntinah*), foolxun, karaahiyo ah oo dhib badan. Haddaba, marka Qur'aanku ka hadlay qaabka bani'aadanka loo abuuray, sida aayadda 13-naad ee suuradda Xujuraad wuxuu adeegsaday ereyga *Khalaqa* abuur qofka lab iyo dhaddig laga abuuro, balse marka uu ka hadlayo shacab iyo qabiil wuxuu adeegsaday ereyga *Jacala*, farqi weyn ayaana u dhaxeeyay labada erey ee abuur iyo yeelid, *Khalqi* iyo *Jacli* (الفرق بين خلق وجعل). In wax la abuuro waa wax Alle uu la gooni yahay oo kaligii ku kooban qof wax ka baddali karana ma jiro. Tusaale in qofka laga abuuray lab iyo dhaddig wax ikhtiyaar ah meeshaas ma ka furan yahay? Jawaabtu waa maya. Balse qofku shacabkii uu doono iyo qabiilkii uu doono ayuu ku biiri karaa ama ka bixi karaa.

Feylasoofkii weynaa ee Muslimka ahaa, Ibnu Siinaa, oo noolaa intii u dhaxeysay (980-1037) taariikhda Miilaaddiga isagoo ka hadlaya farqiga u dhexeeya labada erey ee abuur iyo yeelis khalqi iyo jacli, wuxuu yiri;

ما جعل الله عز وجل المشمش مشمشا بل أوجدها

Alle casa wajalla mishmishka ka ma yeelin mishmishe balse wuu ahaysiiya abuuray

Tusaale, mishmishku waa geed ka mid ah faakihada, sida cambaha, seytuunka iyo babayga oo kale. Abuurkooda Alle ayaa ku shaqa leh, balse adigu cabbitaan waad ka dhigan kartaa, sidooda waad ku cuni kartaa, ikhtiyaarka adigaa iska leh, sidaad doonto ka dhigo. Sidaa darteed, qabiilka iyo qabyaaladda Soomaalidu ma aha wax Alle abuuray ee wax dadku sameysteen. Sida uu ku dooday Professor Maxamed Abdi Gaandi, qabiilka Soomaalidu ma aha dhalasho, dhaxal iyo dhiig toona ee waa is-kaashi iyo gaashaanbuur wax ku sameysmay. Marka aad eegto saami-qeybsiga siyaasadda ee 4.5 waxaad arkeysaa in qabiillo ka tirsanaa afarta ay hadda ku biireen dhinaca dhibic-shanta (.5), taas lidkeedana kuwo ku jiray .5 ay hadda ku jiraan afarta kale. Iyadoo isla .5 dadka isugu tagay ayna wadaagin dhalasho, dhaxal iyo dhiig. Sidaas si la mid ahna afarta kale ay yihiin kuwo ku sameysmay sidaas oo kale xilliyo kala duwan, iyadoo qabiillo ku jiri jiray meel kale aad ku arkeyso iyagoo dhinaca kale u wareegay. Haddii si kale loo dhigo, qabiilka Soomaalida waa *Dynamic* (wax is-beddelaya) ee ma aha *Static* (wax meeshiisa joogaya, sidaas ayuuna ahaan-doonaa maadaama aanu abuur ahayn oo uu yahay yeelis ilaa looga gudbi doono wax kale sida muwaadinimo *Citizenship*) (الخلق ذات والجعل أدات)

Professor Gaandi wuxuu 2 shahaado diktooraa PhD ah ku sameeyay taariikhda iyo cilmiga raadraaca bulshada Soomaalida, isagoo ku soo bandhigay muxaadaro cilmiyeed uu ku qabtay caasimadda dalka Britain ee London sannadkii 2014. Wuxuu si faahfaahsan uga hadlay qaabka uu qabiilka Soomaliga ah ku sameysmo iyo sida uu isu rogrogo. Haddii siyaasadeynta laga daayo qabiilka dadkuna ay sidii dhaqanku ahaa ay deegaanka iyo dadku isku dhex gali jiray iyagoo dhankii ay doonaan u guuraya, waxaa suuragal ah in is-beddelka bulsho ee la gaari la'yahay uu soo degdego. Haddiise sidan lagu wado, siyaasadeynta qabiilka iyo qabyaaladda, waxaa sii daba dheeraanaya *social stagnation*, xaaladda jugjug meeshaada joogta ah ee bulshadu ku jirto iyo *the era of Somali decline* in lagu sii jiro xilliga hoobashada bulshada Soomaalida ay haatan ku sugan tahay.

Waxaa jira aragti ay curiyeen labo aqoonyahan oo ku takhasusay cilmiga bulshada oo la yiraahdo Peter L Berger iyo Thomas Luckmann, aragtidaas oo ah *Constructionism Theory*, aragtida dhismaha, waxay ku soo bandhigeen buug ay qoreen 1966 oo cinwaankiisu yahay *The Social Construction of Reality. A Treatise in the Sociology of Knowledge*. Waxay ku doodeen in xaqiiqada iyo waaqicu ay yihiin wax bulshadu abuurto, *truth and reality are socially constructed*. Ka dib markii xaqiiqada iyo waaqicu ay sameysmaan dadkuna ku dhaqmaan, qaabeeyaan, oo ay joogteeyaan waxay u ekaataa sidii in ay leeyihiin jiritaan ka baxsan bulshadii aragtidaas abuurtay markeedii hore. In kastoo ay dadku abuuraan haddana arrinkaasi wuxuu raad iyo saameyn weyn ku leeyahay habdhaqanka qofka iyo waxa uu rumeysanyahay, iyadoo jiritaanka xaqiiqada iyo dhacdooyinka uu ku xiranyahay bulshada jiritaankeeda oo haddii jiritaanka bulshadu meesha ka baxo waxaas oo idil ay meesha ka baxayaan. Berger iyo Luckmann iyagoo arrinkan si xeel-dheer u sharraxaya waxay yiraahdeen, "*Men together produce a human environment, with the totality of its socio-cultural and psychological formations*", "Bani'aadanku iygoo wada jira waxay soo saaraan bii'ad bani'aadan, loona geeyay dhaqan-bulshadeed iyo mid nafsadeed qaabeysan."

Nolosha bulshada gabigeedu waa xiriir iyo micno ay ku wada

hadlaan jilayaasha nolol maalmeedka iyagoo is-dhaafsanaya aragti iyo waxa ay ka qabaan jiritaanka bulshonimo iyo dhacdooyinka ku hareereysan. Haddaba fasiraadaasi waa wax bulshadu abuurtay, *All meaning is socially created and interpreted*, iyadoo inta badan ay dhacdo dhacdo bulshadu abuurtay ka dib xididdeysato, adkaato oo ay noqoto shey dabiici ah, balse aan dabiici aheyn. Marka ay timaaddo cilmibaarista Soomaalida *Somali Studies* I M Lewis waxaan oran karaa in cilmibaaristiisu ay dhaawac weyn u geysatay dhaqan bulshadeedka iyo is-beddelka ummadda Soomaaliyeed, maxaa yeelay wuxuu ku guuleysta intii karaankiisa ah in uu bii'adda bulshada *Social Environment* u baddelo *Natural Phenomena* muuqaal dabiici ah, taasina layaab male maxaa yeelay I M lewis wuxuu ahaa cilmi baare gumeysigii Ingiriiska u shaqeeya si ummadda maskaxda looga gumeysto, ka dib marka la kala qeybiyo ay u fududaato in qarniyo la gumeysan karo iyaga oo aan dareemin dabinka loo qoolay. I M lewis wuxuu sameeyay in qabiilka Soomaaliga uu ka dhigay wax dabiici ah isagoo u asteeyay deegaan iyo qariirad uu ku tilmaamay in qabiil walba uu isagu leeyahay deegaankaas. Balse waxaa la yaab leh in aqoonyahanka Soomaaliga ah uu ku dayday I M Lewis qaab fekerkiisa iyo sidii uu wax u dhigay ilaa ay gaartay in qaar ka mid ah aqoonyahanka Soomaaliyeed ay ku qanceen in qabiilka iyo qabyaaladdu aaney wax xal ah lahayn dadkana lagu qanciyo in ay la noolaadaan sidii cudurka kansarka aan daawada lahayn, si la mid ah sida dhakhtarku qofka bukaanka ah ku qanciyo in uu la noolaado cududrka inta uu ka dhimanayo. Sidaas oo kale in bulshada Soomaaliyeed qabiilka iyo qabyaaladda ay la noolaato inta ay ka dhimaneyso!

Xaqiiqada iyo waaqica bulshada Soomaalidu ku nooshahay waa mid iyagu ay abuureen mana ah wax dusha kaga yimid. is-beddelkaasi waa mid sida wabiga u socda oo kale, haddii la is ku dayo in la joojiyo waxaa ka dhalanaya fatahaad, burbur iyo musiibo. Soomaaliya 1960-kii markii ay xornimada qaadatay in ka yar %15 waxay ku nooleyd magaalo halka inta soo hartay ay reer baaddiye ahayd. Maanta %70 in ka badan waxay ku nooliyihiin magaalo, iyadoo in ka badan %70 ay yihiin dhalinyaro da'doodu ka yartahay 30 kuwaas oo ku nool duni hal tuulo oo kale ah, *Globalised World*, tiiyoo badankoodu ay shaqo iyo mustaqbal la'aan ku noolyihiin. Haddaba, haddii aan laga jawaabin oo aan lala iman cilmi iyo caqli lagu maareeyo is-beddeladaas xawliga ku socda oo sida hirarka badda oo kale ah, waxaa dhaci doonta musiibooyin iyo mahadho iyadoo kale aan adib hore loo arkin in ay ka dhacaan dalka Soomaaliya.

Haddaba, Abwaan Timacadde markii uu ka hadlay qabyaaladda wuxuu ku micneeyay in ay tahay *State of Nature,* xaalad leh calaamado lagu garto. Astaamahaasi midda ugu horreysa uguna khatarta badan waa in ay qabyaaladdu qofka caqli ka qaado, ka dibna ay ka dhigto dalfoof ama qolof madhan oo aan wax nuxur ah laheyn. Marka lagu jiro xaaladdan, dadka waxaa ka doorsooma wanaagga. Haddaba su'aasha is-weydiinta mudan waxay tahay, sidee wanaagu u doorsoomaa? Su'aashan waxaa ka jawaabaya feylasoofkii Jarmalka ahaa Georg Hegel (1770-1831) oo ku dooday in bani'aadamku yahay *Moral Being* noole dammiir leh, balse ay ku dhacdo waxa loo yaqaan *Moral alienation* kala irdhow/fogaansho isaga iyo dammiirkiisa ah. Marka ay taasi dhacdo, qofku waxa uu wanaagga u arkaa xumaan, waana marka abwaan Timacadde uu leeyahay, "*Soomaaliday dayaay, wanaag idinka doorssonye.*"

Marka lagu jiro *xaaladda qabyaaladda*, dadku ma kala leh yar iyo weyn, maxaa yeelay waxba la'isma dhaamo, qof walibana wuxuu ka shaqeeyaa dulmi iyo dhac. Xilligaas isaga ah, dadku waxay noqdaa "*Dix dhagaxeed*" oo haddii aad kor iyo hoos ula hadasho ama u waaniso waxba ku ma qaataan waanada, sababtuna waxay tahay dhaguhu u ma daloolaan. Marka lagu jiro xaaladdan, dadku waxay marwalba ku celceliyaan isla khaladkii laftiisa, waxaadna arkeysaa doqonimo baahsan. Mar waxaad is leedahay, dadkan xagee laga soo habaaray, mararka kalana waxaad is-weydiineysaa, dadkani ma waalanyihiin mise jin/rooxaan bey qabaan? Mise cilaaj/quraan-saar ayey u baahanyihiin?

Marka lagu jiro *Xaaladda Qabyaaladda/State of Nature*, waxaa socda dagaallo aan dhammaad laheyn oo *"Dab markuu bakhtiyo meel kalaa dogob ka qiiqa*." Waagii baryaana wuxuu keenaa naxdin iyo warar dhiillo iyo colaad cusub wadata. Haddii aad u damqato oo aad isku daydo in aad lahadasho, waxaad dareemeysaa in dadkani aaney laheyn *"Dux iyo iimaan*." Dad engagay oo macaankii bani'aadanimadu ka dhammaatay in ay yihiin.

Marka lagu jiro *xaaladdan*, dagaalladu waxay noqdaan kuwo dadku ku dabar go'aan/xasuuq, *Genocide*, waxaana la waayaa dadyow/reero Soomaali ahaan jiray oo meel ay ku dambeeyeen aan la ganeyn, balse magaalooyinkoodii ay haawanayaan. Xilligan marka lagu jiro, dadka jilicsan ee tabarta daran sida; carruurta, dumarka iyo waayeelka waxay darxumo iyo duruuf u daadsanyihiin wadooyinka, cid sidaa u egeysana ma jirto. Sababtoo ah, Soomaalida waxaa laga qariyay dariiqa toosan, diinta iyo dastuurka. Waxaana dadka ka dhinta dammiirka iyo isu diir-naxa bani'aadanimo.

Marka lagu jiro *xaaladdan*, dadku waxay ku noolyihiin is dhex yaac iyo fawdo, sharci iyo qaanuun toona meeshaas ka ma shaqeeyaan. Sababta uu qofka Soomaaliga ah u dhibsanayo sharciga iyo qanuunka waa in uu faraha ku la jiro dambi iyo xumaan, taasaana keeneysa in uu qofka Soomaaliga ahi ka dudo dibaddana ka istaago dastuurka, sharciga iyo diinta intaba. *"Nin ka duday distoorkiyo waxyiga diintii ka carrowye."*

Marka lagu jiro *xaaladdan*, dadka waxaa ku dhaca cimri dagdag, jiilal fara badan ayaa dhexda ka baxa, maxaa yeelay xilligaas waxaa soo kordha janaasada, guri walbana waxaa taalla tacsi. Hooyooyin fara badan oo asey wata iyo carruur agoon ah oo aan daryeel haysnin ayaa meel walba daadsan. Xaaladdaas inta lagu jiro sinaba suuragal u ma ah in wanaag lagu doogsado la helo ilaa is-beddel dhoco. *"Kollaba doogsan meysaa hadada dunida joogtaane"*

Haddaba, su'aasha is-weydiinta mudani waxay tahay; haddii rasuul loo soo diri lahaa Soomaalida muxuu ka waanin lahaa?

1.4 Is-barbardhigga Aragtida Abwaan Timacade, Thomas Hobbes, John Locke iyo Jean Jacque Rousseau

Aragtida abwaan Timacadde ee aan kor ku xusay waxay dhinac isaga dhawyihiin midda faylasoofkii siyaasadda, Thomas Hobbes. ee noolaa intii u dhaxeysay (1588-1679). Feylasoofkani wuxuu buuggiisa *Leviathan* ku dooday in marka lagu noolyahay meel dowlad, nidaam, iyo bulsho wada nool midna aaney ka jirin in xaalad dabiici ah *"State of nature"* lagu jiro, noloshuna waxay noqotaa *"solitary, poor, nasty, brutish and short"*, "kalinimo, faqri, xumaan, dugaagnimo ah oo gaaban."

Xaaladdan wuxuu shardi uga dhigay Hobbes maqnaashaha dowladnimo, nidaam iyo jiritaanka bulsho wada nool. Balse abwaan Timacadde intaas wuu ka ballaariyay, wuxuuna ku tilmaay xaalaadda qabyaaladda in ay dhici karto iyadoo dowladnimo, nidaam iyo bulsho wada nool ay jirto, sida Soomaalida oo kale. Isagoo tusaale u soo qaadanaya markii uu tirinayay gabayga *"Dugsi ma leh qabyaaladi"* xilligii doorashooyinkii 1969 oo iyadoo dowladi jirto haddana xaalad dabiici ah la galay ama lagu jiray. Wuxuu kaloo abwaanku ku khilaafay Hobbes in iyadoo intuba aaney jirin, dowlad, nidaam iyo bulsho, ay dadku si nabad ah nolosha baaddiyaha kali kali iyo qoys qoys isaga noolaan karaan, iyadoo wax dagaallo iyo colaad ah aaney jirin.

Ra'yigan waxaa abwaanka la qaba feylasoofkii Ingiriiska ah ee falsafadda siyaasadda wax ka qoray, John Locke (1632-1704). Locke wuxuu ku tilmaamay xaaladda dabiiciga ah in dadka oo dhan ay xor yihiin wuxuuna yiri; *"All men are free to order their actions and dispose of their possession and persons as they think fit, within the bounds of the state of nature."*, "Dadka oo dhammi waa xor in ay u maamulaan ficilkooda, sida ay rabaan ka yeelaan hantidooda naftooda sida iyaga la qumman, iyadoon qanuunka dabiicaga laga tallaabsanin."

Locke wuxuu xaaladda dabiiciga u arkaa in ay tahay mid leh shuruudaha asaaska u ah bilowga dhismaha bulsho caddaalad ah oo dadku xuquuqda iyo waajibaadka u simanyihiin. Sidaas waxaa ku dhasha bulsho caafimaad qabta oo dadku si rabitaankooda ah ay u dooranayaan iskaashi iyo midnimo dhexdooda ah iyadoo qofna qofka kale awood u sheeganeyn xorriyadana ka qaadeyinin. Maxaa yeelay xaaladda dabiiciga ah wuxuu ku tilmaamay in ay tahay sidan, *"The state of nature has a law to govern it."* "Xaaladda dabiiciga ah waxay leedahay qaanuun iyada xukuma." Isagoo markale si fiican u sii cadeynaya xaaladda dabiiciga ah wuxuu yiri; *"No one ought to harm another in his life, health, liberty and or property."* "Qofna ma dhibaateyn karo qof kale naftiisa, caafimaadkiisa, xorriyadiisa ama hantidiisa"

Waxaa doodan sidoo kale qeyb weyn ka qaatay feylasoofkii siyaasadda Jean Jacques Rousseau (1712-1778). Rousseau wuxuu ku dooday, marka lagu jiro xaaladda dabiiciga ah in bani'aadamku wanaagga ku dhashay, balse bulshada iyo nidaamka xukunka ay wanaaggaasi xumaan u baddalaan. Isagoo arrinkaas tusaale caan baxay ku yiri; *"Man is born free, and everywhere he is in chains."* Qofku wuxuu dhashay isagoo xor ah, haddana meelwalba waxaa kuga xiran silsilado"

Rousseau xaaladda dabiicig ah wuxuu u arkaa in ay dadku xor yihiin si ay heshiis bulsho u galaan *Social Contract*. Qofku waa in uu yahay xor marka uu heshiis galayo, haddii kale heshiiska bulsho ma noqonayo mid caddaalad ku dhisan ee wuxuu noqonayaa mid qofka xoogga badan uu inta kale muquuniyo. Halkan Rousseau wuxuu shardi ka dhigayaa xaaladda dabiiciga ah si heshiis bulsho xalaal ah loo galo. Halkaas waxay Rousseau iyo Locke isku aragti ka yihiin in xaaladda dabiiciga ah ay tahay mid asaas fiican ku fadhida, *Axioms*, oo aan aheyn sida Hobbes u dhigayo oo ah in ay tahay xaalad xun. Seddexdan feylasoof siyaasadeed waxay ka mid yihiin falaasifadii la magac baxay. *State of Nature Philosophers* feylasoofyadii xaaladda dabiiciga.

Muxuu yahay farqiga u dhexeeyay seddexdan feylasoof aragtidooda iyo aragtida abwaan Timacadde ee ku aadan aragtidiisa xaaladda dabiiciga ah? *Timacadde* wuxuu Hobbes kaga gaddisanyahay in xaaladda dabiiciga ah la gali karo iyadoo dowlad, nidaam iyo bulsho ay jirto sida Soomaalida oo kale, halka Hobbes uu ku shardiyay in ay tahay meel fowdo is dil ka jiro. Tan kale, Timacadde dulucda xaaladda dabiiciga ah ugama hadlayo sida Locke iyo Rousseau oo kale iyadoon waxa dhibta keenaya aan la sheegin. Haddii si kale loo dhigo, Timacadde xoogga ma saarayo isla xaaladda lafteeda sida Locke iyo Rousseau, ee wuxuu xoogga saarayaa sababta keeneysa in marka hore xaaladda dabiiciga ah la galo.

Timacadde aragtidiisa xaaladda dabiiciga ah ma aha bani'aadamku wuu fiicanyahay iyo ma fiicna, dowlad, nidaam iyo bulsho ayaa maqan iyo ma maqne, balse waxaa jira cillad keeneysa markii ay dadku ku xad-gudbaan wax ka mid ah nolosha oo ay si khaldan u isticmaalaan in ay sababto burbur iyo halaag. Haddii aan tusaale u soo qaadanno Qur'aanka sida uu Eebbe (SW) uga warramay dadkii ina ka horreeyay iyo sababihii loo halaagay, waxaad arkeysaa in ay jireen sabab ay ku muteysteen halaaggii ku dhacay. Tusaale, Fircown iyo qoomkiisii waxay sababsadeen kalitalisnimo siyaasadeed iyo in uu sheegatay ilaahnimo. Qowmu Luud waxay sababsadeen anshax xumo iyo gaalnimo wada socda. Nabi Shuceyb (NNK) qawmkiisa waxaa loo halaagay dhaca hantida dadka. Dhammaan qolyihii la halaagay markii aad eegto waxaad arkeysaa sabab gooni ku aheyd iyo mid ay wadaageen oo aheyd gaalnimo iyo iimman la'aan.

Sidaas awgeed, abwaan Timacadde wuxuu u arkaa in Soomaalida waxa burburiyay ee caqliga iyo iimaanka ka qaaday ay tahay qabyaaladd, waana marka uu abwaanku leeyahay isagoo ka hadlaya qabyaaladda;

"Dadkaan la hadlayaa baan laheyn dux iyo iimaane.
Bal in ay dalfoof tahay caqliga doonni laga saaray,
wixii hore u soo daashaday bey degashaneysaaye.
Haddaynaan xumaantiyo dilkiyo deynnin kala qaadka,
dibaddaan ka joognaa sharciga daacadda Ilaahe.
Dambarkeedu waa jahannama iyo dogobkii naareede."

Qabyaaladdu adduunkana waa burbur aakhirana waa cadaab, tiiyoo Soomaalida ay gaarsiisay heer la caabudo sanamka qabyaaladda.

Waxaa isla aragtidan ku dooday feylasoofkii Ingriiska ahaa ee Francis Bacon (1561-1626), isagoo tibaaxay in uu jiro sanamka qabiilka, *The idol of the tribe,* dadka caqliga iyo aragtida nolosha uga cayaara garashadana ka foolxumeeya, isla markaana ka hor-istaaga in ay xaqiijiyaan himiliyoonkooda nolosha iyo in ay noqdaan dad wanaagsan oo qiimo leh.

Haddii aad aragto dhibaato xal loo waayay, waxaa sabab u ah laba mid; 1) in aan dhibta la fahamin waxa ay tahay iyo meesha ay ka imaneyso. 2) in aan dhibaatada xalkeeda loo soo jeedsan wali, ama rabitaan la'aan ha ku dhacdo ama ka macaashidba ha ahaato, sidaasina ay ku jiitamaan dhibaatooyinka jira, tiiyoo marka dambe ay isku badesho sidii cudur aan dawo laheyn oo kale, dabadeedna bukaanka lagu qanciyo in cudurka uu is kala noolaado inta uu ka dhimanayo. Balse haddii la rabo dhibaatooyinka haysta bulshada Soomaaliyeed in gunta hoose laga soo xalliyo waa in laga soo bilaabo ka-guurista qabyaaladda gabi ahaanteed, loona guuro aragtida muwaadinimo, *Citizenship*. Haddii is-baddel guud uu ku dhaco dhammaan qeybaha bulshada oo idil halkii xoogga laga saari lahaa siyaasiyiinta kali ah, iyadoo bulshada inteeda kale aanu is-beddel ku dhicin, waa sidii warshad dhar jeexjeexan soo saareysa oo kale; siyaasigan inta aad ku mashquulsan tahay sixitaankiisa, bulshadii waxay soo saareysaa boqollaal isagoo kale ah oo aan waxba is dhaamin balse kala daran.

Waxaan ku soo koobi lahaa qodobkan in sida haatan Soomaalidu ku sugantahay aaney marnaba ahayn mid lagu sii jiri karo, tiiyoo aad arkeyso culeyska qabyaaladdu ku hayso bulshada Soomaaliyeed iyo dildillaaca ku dhacay qaab dhismeedka bulshada. Ummaduhu si sahlan ku ma dhintaan, balse marka ay fikrad dhimatay xambaarsanyihiin waxay sababtaa in iyaguna ay dhintaan. Halka ummadaha nool ee caqliga u saaxiibka ah ay taariikhdooda indho kulul ku eegaan si loo badbaadiyo mustaqbalka dadkooda, ayey ummadaha sii dhimanayana ku daba gabbadaan taariikhdooda iyagoo ka cabsanaya mustaqbalka. Sidaas ayeyna Soomaalidu ku noqoneysaa ummad aan taariikh iyo mustaqbal midna laheyn haddii aan hadda wax laga qaban.

> *"Doqonnimo kugu baahday baan cidi dabiibeyne*
> *Duulkii inkaar qaba jin baa daasaddow tuma e*
> *Dab markuu bakhtiyo meel kalaa dogob ka qiiqaaye*
> *Waagii dillaacaa naxdimo dihin la sheegaaye*

*Anuun baa damqanayee dhaguhu u ma daloolaane
Dadkaan la hadlayaa baan laheyn dux iyo iimaane Dul
iyo hoosba waan ugu dhigaye waa dix dhagaxeede Bal in ay
dalfoof tahay caqliga doonni laga saaray Wixii hore u soo
daashaday bay degashaneysaaye!"*

1.5 Jamhuuriyadda Timacadde

Ereyga *Republic* asalkiisu wuxuu ka soo jeedaa luqadda *Latinka* wuxuuns ka koobanyahay labo erey oo kala ah; *Res* iyo *Publica*. *Res* micneheedu waa hawl ama shaqo, *Publica* jamhuur ama dadweyne, marka la is ku darana waa hawsha dadweynaha. Dhanka kale, ereyga jamhuuriyad asalkiisu wuxuu ka soo jeedaa luqada afka Carabiga oo la mincna ah, dadweyne ama dad meel isugu soo ururay. Balse micnaha falsafadda siyaasadda waa aragti ku saleysan in awoodda xukunka ay gacanta ugu jirto dadweynaha oo iyagu qofka ay doortaan awoodda u dhiibtaan si doorasho xor iyo xalaal ah. Nidaamka jamhuuriga ah wuxuu leeyahay muuqaallo kala duwan tusaale, Kuuriyada Waqooyi oo nidaam kalitalis ah waxay sheegataa jamhuuriyad, Mareykanka waxaa lagu asaasay qiyamka jamhuuriyadda, Iiraan iyaduna waxay sheegataa ina ay tahay jamhuuriyad Islaami ah. Si guud mararka qaar ereyga jamhuuriyad waxaa loogu yeeri karaa, wixii ka soo hara nidaamka boqortooyada ku dhisan, *Monarch*.

Sidaa awgeed, jamhuuriyadda uu Timacadde Soomaalida ugu yeerayo waa, jamhuuriyad caqligu shaqeeyo balse awood sheegad iyo naf jecleysi aysan ka shaqeynin. Waa jamhuuriyad ka duwan Jamhuuriyadda Plato oo dadka hoggaanka ah kaligood caqliga lagu koobay, halka jamhuuriyadda Timacadde jiilka markaas nool oo dhan laga rabo in ay si caqli ku dheehanyahay nolosha uga qeybqaataan waana waajib qofwalba saaran.

Jamhuuriyada Plato iyo tan Timacadde waxay isaga mid yihiin, mid waliba danta iyo yoolka laga rabo in ay tahay; midnimo, badqab, iskaashi iyo wada noolaasha dadku ay ku gaaraan *Eudaimonia Fulfilment* xaqiijinta guusha nolosha. Sidoo kale, dhankiisa wuxuu abwaan Timacadde ku sheegay ujeeddada laga rabo jamhuuriyadda in ay tahay sidii Soomaalidu ku gaari laheyd doogsi iyo in ay ku naalooto barwaaqo, waana meesha uu leeyahay marka uu ka digayo qabyaaladda *"Kollaba doogsan meysaan intaad dunida joogtaan."* Jamhuuriyadda Plato waxaa lagu tilmaamaa in uu yahay buuggii ugu horreeyay ee si cilmiyeysan looga qoro falsafadda siyaasadda. Sidoo kale, feylasoofkan wuxuu mala-awaalay nooca ay u ekaan laheyd jamhuuriyadda ugu fiican ee bani'aadan uu ku noolaado. Haddii si kale loo dhigo, wuxuu dhisay jamhuuriyad khayaali ah *Utopia* oo wax walba sidii laga rabay ay yihiin. Qaab dhismeedka dowladaas wuxuu tusaale uga dhigay nafta bani'aadanka oo ah in nafta bani'aadamku ka kooban tahay seddex qeybood oo kala ah; caqli, cudud iyo calool; *Reason, Violence and Appetite*. Waxaa jamhuuriyaddaas ka taliya caqliga oo haddii uu meesha ka baxo ay booskiisa galayaan gacan ka hadal iyo damac waalan oo aan waxba hambeynin.

Sidaas si la mid ah, jamhuuriyadda Timacadde isaguna wuxuu mala-awaalay qaabka ay Soomaalidu ku heli karto jamhuuriyad tan ugu wanaagsan. Wuxuu ku sifeeyay in ay tahay mid caqligu shqeeyo, haddii caqligu shaqeyn waayana ay imaneyso isku awood sheegad iyo in wax la cuno ama kheyraadka dalka la is ku dagaali doono, ka dibna sida xoolaha oo kale loo noolaan doono. Isagoo abwaan Timacadde arrinkan si fiican u hoga-tusaaleynaya natiijada laga dhaxlo marka caqligu joogo wuxuu yiri, *"Doc haddey u wada jeesatooy, dhowrto danaheeda. Ay duul walaala ah tohooy, duunka ka heshiiso. Dadka ka ma yaraateene, weys dabar jareysaaye."* Dhanka kale Plato wuxuu nafta bani aadamka u qeybiyay seddex darajo ama heer oo kale ah sidan;

1. Caqli   Rationality
2. Cudud   Violence
3. Calool   Appetite

Labo sifo bani'aadanku wuxuu la wadaaga xayawaanka midna isaga ayey gooni u tahay. Cududda iyo caloosha marka ay noloshu ku dhisan tahay waxaa lagu magacaabaa nolosha xayawaanka, mana aha mid bani'aadmaka u qalanta. Balse marka caqligu hoggaamiyo labadan kale waxaa lagu magacaabaa nolol bani'aadanimo waxaana ka dhalaneyso xorriayad iyo masuuliyad. Nolosha ceynkaasi ah waxay ka tarjumeysaa sharafta iyo booska sare ee bani'aadanku mudanyahay in uu nolosha inteeda kale ku hoggaamiyo. Balse haddii uu mustawahaas hoos uga dhoco, waxay noqoneysaa nolol xayawaanka duur joogta ama mid ka sii liidata, qanuunka lagu xukumo noloshaas waxaa loo yaqaan qaanuunka duur joogta *The Law of The Jungle*. Haddaba, jaantuskan hoose wuxuu muujinayaa qaabka seddex-geeska ah ee cilmu-nafsiga bani aadanku *Human Psychology* u sameysan tahay;

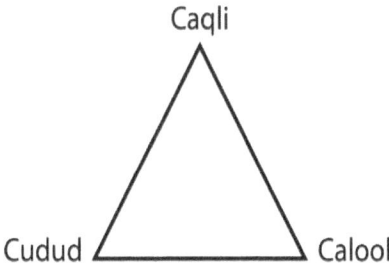

Sida seddex-geesoodka kore muuinayo, caqliga ayaa ah midka ugu sarreeya ee la doonayano in uu xakameeyo inta kale si bulsho wanaagsan oo nabad ku wada noolaata loo gaadho. Sidaas darteed, jamhuuriyadda Timacadde uu ku naaloonayay waa mid Soomaalidu doc uwada jeeddo oo ay is ku hadaf tahay. Waa mid qof walba uu dhowrayo danta guud, *National Interest*. Waa jamhuuriyad Soomaalidu tahay duul walaalo ah. Waa jamhuuriyad bulshadu duunka ka heshiisay, *Social Contract*. Timacadde jamhuuriyadda uu inoogu yeerayo waa, mid dimuquraadi ah oo ka fog kalitalisnimo iyo xukun boob ku dhisan. Waa mid sarreynta dastuurka iyo shuruucda lagu dhaqmo dadkuna qaanuunka iyo sharciga ixtiraam u hayaan una hoggaansan yihiin. Sidoo kalana dhanka sharciga, xuquuqda iyo waajibaadka loo siman yahay. Waa jamhuuriyad dadka ka muuqato wanaag, iimaan, ku dhaqanka diinta Islaamka oo ay ka muuqato macaanka bani'aadanimada. Waa jamhuuriyad amni, barwaaqo iyo bulsho tarmeysa ah.

Haddii Plato ku tilmaamay yoolka ugu dambeeya ee laga rabo dowladnimada in lagu xaqiijiyo uu yahay *Eudaimonia* oo afka Giriigga ah laguna tarjumo Ingiriis *Fulfilment* oo ah xaqiijinta guusha nolosha, ayuu sidoo kale isaguna Timacadde ku sheegay in ujeeddada jamhuuriyaddaasi laga rabo ay tahay in bulshadu *Doogsato*, taa oo ah micno guda-ballaaran oo gaaraya; dadka, duunyada iyo dhirta, iyagoo intuba ay ku noolyihiin barwaaqo. Waxaad mooddaa aragtida abwaan Timacadde in ay u dhadhameyso ama ka tarjumeyso aragtiyada casriga ah ee ay aamminsanyihiin dadka u ololeeya xuquuqda bii'ada, midda xoolaha iyo xuquuqda insaanka mid la mid ah in uu soo bandhigayo. Dhanka kale, marka la eego aragtida Aristotle ee ku saabsan yoolka dowladnimada, isagu dhankiisa wuxuu u arkaa inay tahay nolosha farxadda ah, *Eudemian Happiness*. Wuxuu sheegay in farxaddu tahay sheyga ugu sarreeya dhanka nolosha wanaagsan ee bani'aadanka, dhanka qiyankana ay tahay wax lagu dhaqmo balse afka baarkiisa aan laga sheegin. Sidaa darteed Aristotle wuxuu tibaaxay in dowladdii ku fashilanta ka dhabeynta yoolka ah in dadkeedu farxad ku noolaadaan ay tahay dowlad aan u qalmin qiimaha bani'aadamka is la markaana ay waajib tahay in meesha laga tuuro laguna baddelo mid qiyamkaas sarreeya ee dowladnimada laga rano ka dhabeyn karta.

Dowladnimada iyo shaqada ay dadweynaha u qabato ma aha iyada lafteedu yoolka ka ma dambeysta ah ee waa waddo lagu gaarayo ujeeddo ka weyn sida Aristotle ku magacaabay yool oo afka Giriigga ku ah *Telos*. Haddii aan tusaale u soo qaadanno howlaha hay'adaha dowladda ay u qabato shacabka, waxaa lagu soo koobi karaa, badqabka muwaadinka. hay'adaha amnigu waxay ka shaqeeyaan badbaadinta nafta iyo hantida muwaadinka, is la markaana laga ilaaliyo cadawga gudaha iyo midka dibadda. Caafimadku waxay ka shaqeeyaan caafimaadka muwaadinka dhanka jidhka iyo maskaxda labadaba. Sidoo kale hay'adaha garsoorku waxay ka ilaaliyaan muwaadinka in la dulmiyo. Dhanka kale wasaaradda beeraha shaqadeedu waa in muwaadinka laga ilaaliyo gaajo si shacabku u helo raashin ku filan, *Food Security*, wax barashadana la dagaalanka jahliga, war faafintuna waxay ka ilaalisaa maskaxda muwaadinka wararka been abuurka iyo borobagaandada *Propaganda*. Wasaaradaha dhaqaalaha iyo tan shaqaduna waxay muwaadinka u qabtaan kor u qaadista dakhligiisa sannadka si is ku fillnaasho dhaqaale uu muwaadinku u gaaro. Sida uu ku doodday feylasoofka Tuunisiga ah Abu Yacrub Al-marzuuqi, shaqada dowladda waxaa lagu soo koobaa in ay tahay, difaac iyo daryeel (الحماية والرعاية), *Protection and Provision*.

Ibnu Khalduun, feylasoofkii noolaa qarnigii 14aad ee Milaaddiga (1332-1406) ayaa ku doodday in yoolka ugu dambeeya ee noloshu tahay in bulshadu dhadhamiso macaanka nolosha iyo in ay ku raaxeystaan wada noolaashaha dhexdooda ah. Qaab kaasina waa sida ummaduhu ku sameeyaan ilbaxnimo, *Civilization*, ka dib markii ay dabooleen baahiyaha asaasiga ah, waxay ummad waliba u soo jeesataa sameynta ilbaxnimo taabaneysa dhan kasta oo nolosha bani'aadanka ah, sida tan haatan dunida hoggaamisa ee reer galbeedka oo kale, *Western Civilization*.

Waxaa halkaas kaaga soo baxaya in ummadaha reer baaddiyaha

ah ay marka horaba ku adag tahay in ay sameeyaan ilbaxnimo noocay doonto ha noqoteen. Sidoo kale, waxaa ku adag in ay kala saaraan waddada iyo yoolka ama wasiilada iyo hadafka horumarka nolosha. Tusaale, Soomaalidu iyaga ka ma imanin dhismaha dowlad casri ah balse waxaa laga dhaxlay reer galbeedka, jiilkii ugu horreeyay ee siyaasiyiinta Soomaaliduna waxay ku guul darreysteen in ay kala gartaa dowladnimadu in ay tahay waddo ama wasiilo balse aanay aheyd yool. Haddii si kale loo dhigo, dowladnimada lafteeda waxay ka dhigteen yool, wadadiina ama wasiiladii meesha wey ka saareen, sidaas ayaana siyaasadda Soomaaliya madexeedii mijaha loo rogay laga soo bilaabo xorriyaddii iyo intii ka dambeysay.

1.6 Heshiis Bulsho

"Ay duul walaala ah tohoy, duunka ka heshiiso."

Sida kali ah ee xaaladda dabiiciga ah, *State of Nature,* looga bixi karo wuxuu abwaan Timacadde u arkaa in ay tahay heshiis bulsho *Social Contract*. In kastoo aragtidan uu ku dooday feylasoof Jean Jacques Rousseau (1712-1778) oo caan ku ahaa buugii cinwaankiisu ahaa *The Social Contract*. Balse waxay aragtidaas xiriir qota dheer oo raad-raaceedu gaarayo Giriiggii hore la leedahay falsafadda siyaasadda ee Plato iyo Aristotle. Waa tii aan kor ku soo xusay aragtida Plato uu ka qabo heshiiska bulsho nooca uu u ekaanayo markii aan ka hadleynay jamhuuriyadda Plato uu mala-awaalay. Balse haddii aan markan eegno waxa uu isaguna ka yiri Aristotle oo ahaa ardaygii Plato haddana meelo fara badan ku khilaafsan macalinkiisa waxa uu isaguna ka yidhi heshiis bulsho waxa uu yahay iyo baahida loo qabo.

Aristotale wuxuu ku bilaabayaa buuggiisa siyaasadda *Politics* sidan soo socota; *"He who thus considers things in their first growth and origin, whether a state or anything else, will obtain the clearest view of them."* "Qofkii sidan uga fekera shey kasta markiisii hore sida uu u koray iyo asalkiisa, ha ahaado dowlad ama wax kale, wuxuu helayaa aragti cad oo iyaga ku sabsan." Halkan Aristole wuxuu ku dooday in bani'aadanku yahay noole bulsho iyo mid siyaasadeed, *Social and Political Animal*. Haddii si kale loo dhigo, bani aadanku ma noolaan karo kaligii mana noolaan karo siyaasad la'aan. Haddii arrinku sidaa yahay, wuxuu is-weydiiyay nidaamkee ugu fiican ee lagu dhisi karaa heshiis bulsho si looga baaqsado fawdo iyo burbur?

Bani'aadanku wuxuu xayawaanka intiisa kale uga duwanyahay caqliga iyo hadalka, waa sida uu Aristotle ku dooday marka uu barbar dhigay nooloaha intiisa kale oo iyagu laftoodu wada noolaasho, nidaam iyo hoggaan leh. Hibada caqliga iyo hadalka ayaa ah midda keentay in bani'aadanku ka tashado waxa ku habboon iyo waxa aan noloshooda ku habbooneyn, kala doortaan waxa xun iyo waxa fiicaan, kala gartaan caddaaladda iyo dulmiga, ka fogaadaan waxa dhibaya, raacdeeyaan waxa farxad galinaya.

Dhanka kale Rousseau wuxuu heshiiska buslho ku sheegay in qof walba uu leeyahay xaq dabiici ah *Natural Right* oo midka ugu horreeya uu yahay madax bannaanida shakhsiga ah ee qof walba ku dhasho *Sovereign*. Sidaas awgeed ayuu qofku isagoo madax-bannnaan, isaga oo aan cidina khasbeyn ku galayaa heshiis bulsho. Halkaasina waxaa ka abuurma busho isku dan ah oo ka mideysan rabitaan guud *General Will* in ay sameystaan nidaam dowladeed oo iyaga ka dhexeeya oo ay u siman yihiin. Haddaba si loo dhaqan galiyo heshiiska bulsho waxaa lagamamaarmaan ah in shacabka madax-bannanidiisa ay ku wareejiyaan dowladda, iyagoo qeyb ka mid ah xorriyadoodda uga tanaasulaya hay'adaha leh sharciyad siyaasadeed, *Political Legitimacy*. Hayadahaasi waxay matalayaan rabitaanka guud ee shacabka, halka hay'adaha bulshada rayidka *Civil Society* ay ilaalinayaan xuquuqda khaaska u ah qofka ee aan dowladu soo faragashan karin. Sidaas ayeyna u kala baxsanyihiin xeyndaabka dowladnimada, *Public life,* iyo midka qofku gaarka u leeyahay, *Private Life.*

Bal markanna aan milicsanno hashiis bulsho waxa lagu qeexay iyo sida marka la dhaqan-galinayo uu noqonayo muqaalkiisa dhabta ah. Heshiis bulsho waxaa lagu qeexaa in uu yahay heshiis ay bulsho ku heshiiso sida ay isku xukumeyso iyo nooca ay rabto in dowladnimadoodu u ekaato. Tusaale, heshiiska bulsho ee Soomaaliya halka laga dheehan karo waa dastuurka ku-meelgaarka ah ee la ansixiyay 1-dii Agoosto, 2012. Haddii aan eegno qodobka ugu horreeya sida uu tibaaxayo ee ku saabsan nooca dowladnimada Soomaaliya, wuxuu leeyahay sidan; "Soomaaliya waa jamhuuriyad federaal ah, leh gobanimo dimuquraaddi ah oo ku dhisan mataalaadda dadweynaha loo dhanyahay oo ku saleysan nidaamka axsaabta badan iyo caddaalad bulshadeed" Waxaa ka soo wareegatay muddo 13 sano ah markii dasturkan la ansixiyay, hase ahaatee tan iyo wakhtigaas wali la ma dhammaystirin wixii lagu heshiiyay oo ay ka mid yihiin;

1. Dastuur dhammaystiran wali la ma hayo
2. Afti dadweyne wali loo ma qaadin
3. Dimuquraadiyaddii wali la ma hirgalinin
4. Axsaabtii wali la ma dhisin
5. Nidaamka federaalka wali la ma daadajin

Intaasi waa qodobka kowaad ee heshiiska bulsho sida uu dhigayo, is kaba daa inta kale, wali kii kowaad baan joognaa. Haddaba intaas oo sababood oo is biirsaday awgeed la ma odhan karo Soomaaliya waxay leedahay heshiis bulsho. Haddaba yaa ka musuul ah xagal-daacinta mashruuca dib u yagleelidda dowladnimada Soomaaliya? Waa wax iska cad cidda ka masuulka ah hoos u dhaca ku yimid dib u dhiska dowladnmada Soomaaliya in uu yahay siyaasiga Soomaaliga ah oo is ku darsaday, reer baaddiyanimo, musuqmaasuq, qabyaalad, karti xumo, qiyam la'aan iyo isaga oo aan wax qadarin ah u haynin dastuurka iyo xeerarka kale ee dalka u yaalla. Taasina waxay keentay qalbi jab ku dhacay shacabkii Soomaaliyeed ee dalka gudihiisa iyo dibaddiisa ku nool kuwaas oo ka rajo qabay in mar uun sidan wax is ka baddeli doonaan. Rajadaasi maanta waxay u muuqataa mid quus gaartay marka aad eegto jihada dalku u socdo. Soomaalidu wadnaha ayey farta ku haysaa, waxayna ka cabsi qabaan in xaaladda dalku ka sii dari-doonto, is kaba daa in ay ka soo reyso e.

1.7 Dimuqraaddiyadda Soomaaliya

Inkastoo Soomaaliya loo aqoonsaday in ay tahay waddankii ugu horreeyay Afrika ee dimuqraaddiyad ku dhaqma gumeysiga kadib, haddana nasiib darro waxay ahayd isla waddankii burburiyay xeerarka asaaska u ah dimuqraaddiyad caafimaad qabta oo shaqeyneysa. Sida uu ku dooday Cabdi Ismaaciil Samatar markii uu ka hadlayay arrinkan wuxuu yidhi *"Somalia not only became the first contemporary Afrikan country in which a peaceful and constitutional transfer of presidential power took place (from President Osman to his successor), but also the first in which the first democratically elected opposition decided to unite with the ruling party to create a `one'-party state"* "Soomaaliya ma aheyn oo kali ah in ay noqotay waddankii Afrika ugu horreeyay xilligan oo ay ka dhacdo in si nabad-galyo ah oo dastuuri ah lagu wareejiyo madaxtinimada (ka wareegto madaxweyne Cusman kuna wareegto kii isaga ka dambeeyay) balse sidoo kale waxay aheyd waddankii ugu horreeyay ee mucaaradkii sida dimuqraaddiyadda ah lagu doortay ay go'aansadeen in ay la midoobaan xisbiga talada haya si loo abuuro dowlad hal xisbi ka taliyo." Marka uu professor I M Lewis leeyahay *Pastoral Democracy dimuqraaddiyad*da reer guuraaga, marka la eego indhaha uu wax ku eegayo iyo in uu yahay nin reer galbeed ah, wuxuu hoosta ka xariiqayaa farqiga u dhexeeya dimuqraaddiyadda reer galbeedka iyo tan Soomaalida. Wuxuu aamminsanyahay in dimuqraaddiyadda reer galbeedku ay leedahay sooyaal taariikheed oo dib ugu noqonaya tan iyo falsafaddii Giriigga, sida Plato iyo Aristotle in ka badan 2,000 sano ka hor. Xilligii iftiinka Reer Yurub *European Enlightenment* ee qarnigii 17-aad oo loo yiqiinay xilligii is-beddelada siyaasadeed, is-beddeladaas waxaa horseed u ahaa falaasifada ay ka mid yihiin; Hobes, Locke, Rousseau iyo Montesquieu oo iyagu wax ka qoray falsafadda siyaasadda iyo nidaamka dowlad dimuqraaddiyad ku dhisan.

Balse dimuqraaddiyadda Soomaalidu ma laha rag ay ku ab-tirsato sida tan reer galbeedka, sidaas ayuuna I M Lewis sheegay markii uu waayay meel uu ku celiyo dimuqraaddiyadda Soomaalida wuxuu ku magacaabay "Dimuquraadiyadda Reer Guuraaga" *Pastoral Democracy*. Tiiyoo dhaqanka reer guuraaga ee nolosha baaddiyaha aanu jirin cid awood buuxda ku leh go'aanka qofka iyo madax-bannaanidiisa iyo sidoo kale dhanka talo wadaaga Soomaalidu geedka hoostiisa lagu gorfeeyo xaajada iyadoo ragga inta qaangaarka ah ay talada reerka wadar-ogol ku gaari jireen ayaa noqotay fasiraadda ugu macquulsan ee loo heli karo meesha ay salka ku hayso dimuqraaddiyadda Soomaalida.

Waxaan si faahfaahsan uga hadli doonaa qodobkan dimuqraaddiyadda qeexitaankeeda, taariikhda iyo is-beddeladda ay soo martay doodda soo socota, innagoo is-weydiin doonna wax-tarka iyo caqabadaha ku gadaaman nidaamka dimuquraadiga ah iyo sidii looga gudbi lahaa.

1.8 Qeexidda Ereyga dimuqraaddiyad

Ereyga dimuqraaddiyad *Democracy* asalkiisu waxa uu ka soo jeedaa luqada Griiga, waxa uuna ka koobanyahay labo erey oo kala ah; *Demos=dad iyo Kratos=xukun* marka la isku darana noqota

Democracy oo ah xukunka dadweynaha. Abraham Lincoln madaxweynihii Mareykanka intii u dhexeysay (1861-1865) waxa uu dimuqraaddiyadda ku qeexay in ay tahay; *"The government of the people, by the people, and for the people"* "Dowlad ay dadku leeyihii, dadku xukumaan, dadkana u shaqeysa." Nidaamka dimuquraadiga ayaa ah midka ay ku dhaqmaan 123 dowladood oo ka tirsan qaramada midoobay oo ay ku bohoobeen 193 dowladood. Sidoo kale waxaa jira halbeeg waddammada adduunka lagu cabbiro heerka dimuqraaddiyadda ka jirta ay la'egtahay oo lagu magacaabo, *The Democratic Index* diiwaanka dimuqraaddiyadda. Waxaa booska ugu horreeya ku jira waddanka Norway, halka meesha ugu hooseysa ay ka gashay *Kuriyada Waqooyi*. Si haddaba loo kala ogaado dimuqraaddiyadda caafimaadka qabta ee buuxisay shuruudaha laga rabo iyo midda sheegashada ah ee aan lahayn astaamaha dimuqraaddiyad lagu yaqaan, waxaan halkan ku soo bandhigayaa inta nooc ee dimuqraaddiyaddu u qeybsanto iyo astaamaha lagama-maarmaanka u ah dimuqraaddiyad dhab ah oo shaqeyneysa.

Nidaamka dimquraadigu wuxuu u qeybsamaa labo qeybood oo kala ah; 1) dimuqraaddiyadda tooska ah waxay shacabku si toos ah uga qeyb galaan go'aamada noloshooda taabanaya iyagoon cidna u wakiilanin. 2) dimuqraaddiyadda matalaadda waxay shacabku soo doortaan gole shacab ama xubno baarlamaan oo iyaga matala, kuwaas oo go'aamada ay qaadanayaan ay ka tarjameyso rabitaanka dadkii iyaga soo doortay. Inta badan noocan matalaada ayaa ah midda ugu badan ee dunida looga dhaqmo marka laga reebo waddan aad u yar dadka ku noolina ay tiradoodu dhantahay 38,749 qof. Magaca waddanka waxaa la dhahaa *Liechtenstein* waxay ku dhaqmaan nidaamka dimuqraaddiyadda tooska ah. Noocan tooska ah waa noocii ay ku bilaabatay dimuqraaddiyadu markii magaalada Athens ee dalka Giriigga 2,000 oo sano ka hor ay shacabku fagaaraha magaalada isugu yimaadeen si ay u go'aamiyaan arrimaha taagan ee xalka u baahan. Haddaba, su'aasha is-weydiinta mudan waxay tahay, waxa Soomaaliya ka jira maanta ma lagu magacaabi karaa dimuqraaddiyad?

Dimuquraadiyadu waxay leedahay astaamo asaasi ah kuwaas oo halbeeg u ah jiritaanka dimuqraaddiyad caafimaad qabta. Halbeegyadan shanta qodob ah waxay kala yihiin;

1. Nidaamka hufan ee doorashooyinka
2. Dowlad wanaagga
3. Xorriyadda muwaadinka
4. Ka qeyb galka siyaasada
5. Dhaqan-wanaagga siyaasada

Haddii dalka aaney ka jirin doorasho xor iyo xalaal ah oo hufan dalkaasi la ma oran karo waxaa ka jirta dimuqraaddiyad, waana sababta ay uga dhigeen qodonka ugu horreeya hayadda *The Economist Democracy Index* war-bixinteeda sannnadlaha ah ee 2023 la daabacay sida ay sheegtay. Dhanka kale, dowlad wanaagga waxaa soo hoos galaya tayada iyo wax qabadka hayada dowladda, sarreynta sharciga, kala saaridda awoodaha dowladda iyo is ku dheelli tirnaanta awoodahaas. Waxaa kaloo iyadana la eegaa inta ay la'egtahay ilaalinta iyo ixtiraamka xorriyada muwaadinka oo isugu jirta, xorriyadiisa siyaasiga ah, midda shakhsiga ah iyo mid bulsho intaba. Qodobka ka qeyb galka siyaasadda isaguna wuxuu muujinayaa in ay jiraan axsaab siyaasadeed, ururro bulsho rayid ah iyo kooxo abaabulan *Lobby Groups* oo si xorriyad ah dalka uga howl gala. Iyo qodobka ugu dambeeya ee dhaqan-wanaagga siyaasadda oo sheegaya in bulshada oo dhan ay isla wada ogoshahay ku dhaqanka mabaadi'da dowlad-wanaagga iyo hirgalintooda. Haddaba, haddii 5-taas astaamood laga helo dal waxaa la oran karaa waxaa ka jirta nidaam dimuquraadi ah oo caafimad qaba.

1.9 Qur'aanku Muxuu ka Yiri dimuqraaddiyadda?

Waxaa jirta su'aal soo noqnoqota oo mar walba Muslimiinta la weydiiyo oo ah, Islaamku ma leeyahay aragti dowladnimo, dimuqraaddiyadda se muxuu ka qabaa? Su'aashaasi si waji-gabax iyo xishood leh ayey aqoonyahanada Muslimiinta uga gabban jireen iyaga oo aan jawaab lagu qanci karo u heli karin su'aashaas daandaansiga ku ah jiritaanka siyaasadeed ee ummadda Muslimiinta gabi ahaantood. Taas waxaa ka sii yaab badan, markii aan arkay Dr. Cabdulwahab Al-Afandi oo daadihinayay kulan cilmiyeed lagu qabtay xarunta daraasaadka siyaasadda iyo xiriirka caalamiga ee Al-jasiira Qatar taariikhdu marki ay aheyd, 16 Nov 2016, iyadoo su'aashii ugu horreysay ee uu isagu weydiiyay ay aheyd, Islaamku ma leeyahay aragti dowladnimo? Su'aasha noocaas ah in ay ka timaaddo bare jaamacadda Westminster Collage ee dalka Ingiriiska ka bara cilmiga siyaasada buugag farabadanna ka qoray Islaamka iyo dimuqraaddiyadda, runtii waxay ugu noqotay dhakafaar iyo yaab!

Nasiib wanaag, waxaa durbadiiba yaabkii iyo fajicii iga ba'ay markii professor Abu Yacrub Almarzuuqi feylasoofka weyn ee jaamacadda Tunis ka bara falsafadda Islaamka uu su'aashaas uga jawaabay qaab aanan waligey ka maqlin cid isaga ka horreysay. Feylasofkan wuxuu soo qaatay aayadda tiradeedu tahay 38 ee suuradda Shuuraa;

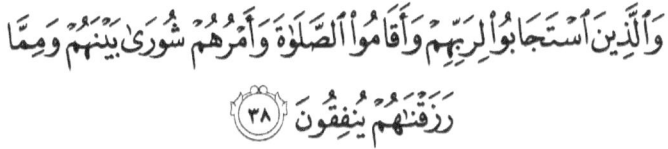

"Waa kuwii u hoggaansamay Rabbigood, oogay salaadda, amarkoodana ka tashada dhexdooda, wixii aan siinnayna bixiya."
[al-Shuuraa, 42:38]

Abu Yacrub wuxuu soo qaatay ereyada Amr أمر=*Res*, Hum هم=*Publica* oo marka la isu geeyo ah *Res Publica* oo ah asalka ereyga *Republic* meesha uu kasoo jeedo oo Latin u noqoneysa, markii afka Carabiga lagu fasaro noqoneysa jamhuuriyad. Shuuraa شورى=*Demos*, Beynahum بينهم=*Kratos* waxay isu geyn noqoneysa *Democracy*, oo asalkeedu ka soo jeedo afka Giriigga. Sidaas awgeed, aragtida qur'aanku ka qabo dowladnimada waa, jamhuuriyad dimuquraadi ah *Democratic Republic*, wixii intaas ka soo haray noocii ay doonto ha ahaato Islaamku ma aamminsana. Abu Yacrub wuxuu is-weydiiyay, maxay tahay sababta Qur'aanku nidaamkan u qaatay, muxuuse ku saleeyay? Waxaa jirta su'aal falsafadeed oo oraneysa; kee baa horreeya, dabiicada iyo shariicada (الطبائع قبل الشرائع)? Bani'aadamku dabiica ahaan waa noole xorriyad iyo karaamo leh, sidaas ayuuna Alle ku abuuray. Mar haddii uu noocaas yahay dabiica ahaan, nidaamka kali ah ee dowladnimo iyo qaanuun oo la jaanqaadi kara bani'aadanka dabiicadiisa wuxuu noqonayaa nidaamka jamhuuriyad dimuquraadi ah.

Aayadan waxay soo koobeysaa wax walba oo laga rabo bulsho wanaagsan oo leh dowlad wanaagsan. Waxay ku bilaabeysaa bulsho Rabbigeed u hoggaansan oo iimaan laga helay. Waxay ku xijisay camal wanaagsan laga helo bulshada oo aan ku koobneyn salaad kali ah balse dhaqan wanaagsan in uu qofku kula dhaqmo dadka intiisa kale. Waxaa ku xigtay nuxurka aayadda oo aheyd in nidaamka dowladnimada ay ka dhigaan mid ku dhisan isku imaasho, wada yeelasho iyo wada tashi, jamhuuriyad dimuquraadi ah *Democratic Republic*. Iyo qodonka ugu dambeeya oo ah in faqriga iyo gaajada la waayo. Haddii si kale loo dhigo, aayaddu waxay sugeysaa; xaqa Alle, midka shakhsi, xuquuqdiisa siyaasasiga ah iyo xuquuqdiisa dhaqaale. Waxaa halkaas ku dhammaaday dulmi nafeed, mid siyaasadeed iyo mid dhaqaale oo ah waxa ugu badan ee burburaya jiritaanka bulsho iyo mid dowladnimo. Sidoo kale aayaddu waxay koobeysaa su'aalaha ugu culus ee falsafadda oo ilaa qarniyo fara badan mashquulisay maskaxda falaasifada sidii ay jawaab ugu heli lahaayeen. Su'alahaas waxaa ka mid ah, waa maxay ujeeddada ka dambeysa jiritaanka dunida iyo nolosha aadanaha? Qof noocee ah iyo nolol caynkee ah ayaa ah midda ugu fiican? Bulshada ugu fiican maxaa lagu gartaa? Nidaam dowladnimo kee ugu fiican? Waxaa su'aalahan, jawaabohooda iyo doodaha la xiriira si fiican u falanqeeya qaybaha ay ka kooban tahay falsafadda sida; *Metaphysics, Ethics, Epistemology, Politics and Aesthetics*. Falsafadda fisigiska ka dib, falsafadda akhlaaqda iyo qiyamka, falsafadda siyaasadda iyo falsafadda suugaanta.

1.10 Nabi Maxamed (NNKH) Sidee Ayuu u Dhaqan-galiyay dimuqraaddiyadda Qur'aanka?

Nabinimada ka sokow, Maxamed (NNHK) wuxuu ahaa hoggaamiye siyaasadeed iyo madaxweynihii ugu horreeyay ee dowladii Islaamka. Qaabka uu ku noqday madaxweynihii ugu horreeyay ee dowladdii Islaamka waxay ahayd markii uu ku guuleystay doorashadii madaxtinimo ee ka dhacday magaalada Madiina oo si cod-dheeri ah loogu doortay hoggaaminta dowladda taariikhdu markay ahayd 27 September 622 Milaaddiga, kadibna afti dadweyne oo dhammaan shacakii magaalada Madiina iyagoo bannaan-baxaya ay ku muujiyeen soo dhaweynta, rabitaanka iyo jacaylka ay u qabaan hoggaamiyahooda cusub. Rasuulku (NNKH) wuxuu ka guuleystay hoggaamiyihii mucaaradka Cabdullaahi Ibnu Ubayi oo xilligaas gacan-saar iyo taageero ka helayay Yuhuuddii daganeyd magaalada Madiina oo iyagu ahaa kuwii maalgalinayay is la markaana war-baahinta uga ololeynayay musharraxnimadiisa. Yuhuuddu waxay is ku xisbi ahaayeen Cabdullahi Ibnu Ubayi, isagoo taajkii uu filayay in loo saaro uu tolistiisa iyo nashqadeyntiisa loo dhiibay harqaanle Yuhuudi ah si loogu saaro Cabdullaahi ibnu Ubayi marka uu ku guuleysto doorashada isaga iyo Nabiga

(NNKH) dhaxmari doonta.

Marnaba isma oran Cabullaahi Ibnu Ubayi magaaladaadii iyo dadkaagii dhexdooda ayaa nin ka yimid meel kale kugula tartamayaa oo kaaga badinayaa madaxtinimada magaalada Madiina. Kibirkaas iyo isla weynidaas ayaa keentay in uu isa siiyo guusha, isla markaana aanu wax dadaal ah ku bixinin kasbashada quluubta shacabka magaalada Madiina, marka laga reebo koox yar oo dan gooni ah ka laheyd isaga oo ay isku aragti ahaayeen. Dhanka kale, Nabi Maxamed (NNKH) wuxuu dadaal iyo wakhti fara badan ku bixiyay kasbashada quluubta shacabka magaalada Madiina. Sanadkii 11-naad ee nabinimada wuxuu heshiiskii la magac baxay *Baycatul Caqabah* kii 1-aad la galay koox ka timid magaalada Madiina oo tiradoodu ahayd 6 xubnood, kuwaas oo magaalada Maka u yimid gudashada Xajka.

Heshiiskaas wuxuu ka dhacay magaalada Maka meesha la yidhaahdo Minah wuxuuna u dhacay si qarsoodi ah. Intaa ka dib Nabi Maxamed (NNKH) wuxuu magacaabay safiir loo diray magaalada Madiina si uu u faafiyo diinta Islaamka. Safiirkaasi waxaa magaciisa la oran jiray Muscab Ibnu Cumeyr. Sidoo kale, heshiiskii 2-aad ee xigay wuxuu dhacay sannadkii 12-aad ee nabinimada waxaana magaalada Maka yimid wafdi ballaaran oo tiradoodu ahayd 75 xubnood oo reer Madiina ah, waxaa ku jiray 2 dumar ah inta kalana waxay ahaayeen rag. Heshiiskaas oo ka koobnaa 5 qodob wuxuu ka dhacay isla Maka meesha la yidhaahdo Minah xilli habeen ah si qarsoodi ah oo cidina ogaan karin. Heshiiskaas qodobadiisu waxay kala ahaayeen;

1. Is maqal iyo is oggolaansho xilliga firinfircoonida iyo caajiska
2. Iyo wax bixinta xilliga adag iyo kan fudud
3. Iyo wanaagga oo la is faro, xumaanta oo la iska reebo

4. Iyo in aad Alle dartii isu taagtaan idinkoon Alle uga cabsaneyn mid wax canaanta dartiis
5. Iyo in aad ii gargaartaan markii aan idiin imaaddo, oo aad iga celisaan waxa aad ka celisaan naftiinna, xaasaskiinna iyo carruurtiinna, idinkuna waxaad ledihiin janno.

Doorashadii ugu horreysay waxay dhacday markii rasuulku (NNKH) ku yiri wafdigii heshiiska la galay, waxaad iska dhex doorataan 12 xubnood oo fuliya qodobada heshiiska aan kala saxiixannay. Waxaa iyana taasi barbar-socday warbixintii safiirkii Madiina Muscab ibnu Cumeyr uu siiyay Nabiga (NNKH) oo aheyd in guri kasta oo magaalda Madiina ku yaalla uu Islaamku galay marka laga reebo dhowr guri oo uu ka mid yahay kan Cabdullahi ibnu Ubayi. Intaas oo dhan markii uu isu geeyay Nabi Maxamed (NNKH) wuxuu yaqiinsaday in xisbiga Islaamku ku guuleysan doono doorashada ka dhici doonta magaalada Madiina marka uu soo hijroodo. Xilligaas qaabkii magaalada Madiina loo kala daganaa waxay aheyd, Aws iyo Khazraj oo ahaa labada qabiil ee magaalada ugu badan dhanka tirada dadka iyo deegaanka, lahaanshaha magaaladana loo tiiriyo iyo qabiillo kale oo yar yar oo carbeed iyo kuwo Yuhuud ah oo labadaas qabiil gaashaanbuur la kala ahaa. Sidoo kale, labada kaabo-qabiil ee Aws iyo Khazraj waxay qaateen Islaamka, waxayna ka mid ahaayeen xisbiga Nabi Maxamed (NNKH).

Waxaa in lagu baraarug mudan in bulshada reer Madiina iyo Muslimiinta kale ay u kala cadeyd shaqada nabinimo iyo midda madaxnimo ee rasuulka (NNKH). Labadaas dowr marnaba is ku ma khaldaneyn weyna kala baxsanaayeen. Halka shaqada madaxnimo ay ku dhisneyd golaha siyaasadda oo si wadatashi ah go'aamada ka soo baxa loo fulinayay. Dhanka nabinimadana waxaa la wada sugayay waxyiga samada ka imanayay.

Intaas kadib, Nabi Maxamed (NNKH) wuxuu ka soo hijrooday magaalada Maka taariikhdu markay ahayd 16 September, 622 Milaaddiga, wuxuuna u soo hijrooday magaalada Madiina. Sida uu ku dooday Dr. Maxamed Mukhtar Shinqiidi, Alle wuxuu Nabi Maxamed (NNKH) ka soo saaray meel firaaq siyaasadeed ka jiro wuxuuna dhisay dowlad, meel aan qaanuun ka jirin wuxuu dajiyay qaanuun. Nabi Maxamed (NNKH) si ficil ah ayuu u fuliyay una dhaqan-galiyay shaqada dowladnimada lagu yaqaan. Wuxuu hoggaamiyay ciidan, wuxuu magacabay safiirro, wuxuu magacaabay garsoorayaal iyo guddoomiyayaal gobol, wuxuu abuuray dhaqaale iyo suuq ganacsi Islaami ah. Wuxuu magaca ka baddelay magaalada saldhigga u noqotay caasimadii Islaamka ugu horreysay ee la oran jiray Yathrib wuxuuna u bixiyay Madiina oo luqadda Giriigga ku noqoneysa *Polis*, luqadda Ingiriiskana waxay ku tahay *Politics* ama *City State*. Intaas oo dhan marka lagu eego indhaha falsafadda siyaasadda waxay ku noqoneysaa, asaaska dowladnimo iyo dhowrista xuquuqda muwaadinka.

Wuxuu dhisay bulsho midab, dhaqan, diin iyo dabaqad intaba ku kala duwan. Wuxuu yagleelay dastuur isagoo kale aan bani'aadanku horay u arag noociisa, dastuurkaas oo magaciisu ahaa *Wathiiqatul Madiina/Madina Social Contract*, Heshiiskii Bulsho ee Madiina. Wuxuu dhidibbada u aasay xuquuqda muwaadinnimo ee qofka, xorriyadda qofku u leeyahay diintiisa, ra'yigiisa iyo shaqadiisa gaarka ah. Wuxuu kaloo sugay xaqa lahaanshaha milkiyadda qofka, sida guri, dhul, ceel, beer, xoolo iwm. Wuxuu caddeeyay sinnaanta dadka iyo in ay u simanyihiin xuquuqda iyo wajibaadka dowladda, tiiyoo sarreynta qanuunku yahay waddada kali ah ee lagu maamulayo dowladda Islaamka ee dhalatay. Heshiiskaas bulsho waxaa wada saxiixay dad ka kooban inta ay sheegtay suuradda Xaj, aayadda 16-aad, oo kal ah;

1. Muslimiin   الذين ءامنوا

2. Yuhuud   والذين هادوا
3. Saabi'a   والصابئين
4. Nasaaraa   والنصارى
5. Majuus   والمجوس
6. Mushrikiin   والمشركين

Aragtida uu ku dooday feylasoofka Pakistan u dhashay, Maxamed Iqbal, wuxuu yiri, sababta Alle (SC) ugu doortay Nabi Maxamed (NNKH) in uu noqday rasuulkii ugu dambeeyay, qur'aankuna noqdo farriintii ugu dambeysay waxay tahay in bani'aadanku gaadhay heer uu u bislaaday garashada iyo xambaarista fariinta Islaamka. Halka ummadihii hore qolo walba rasuul gaar ah iyo wakhti gaar ah loo soo diri jiray, hasa yeeshee si ka duwan taas ayaa Nabi Maxamed (NNKH) loogu soo diray bani'aadanka dunida guudkeeda ku nool oo idil, wakhti kasta iyo meel walba oo ay joogaan ilaa saacadda qiyamaha laga gaaro.

Dhanka kale, haddii ay dhici lahayd inta aan kor ku soo sheegay si ka duwan, Cabdullaahi Ibnu Ubayi wuxuu noqon lahaa boqorka magaalada Madiina, Nabi Maxamed (NNKH) wuxuu isaguna ku dambeyn lahaa wadaad masaajidka dadka ka wacdiya oo fatwa bixiya, wuxuuna ka mid noqoqon lahaa culimada diimaha kale sida Yuhuudda iyo Kiristanka magaalada Madiina dhinacooda ka jooga. Sidoo kale, waxaa kala soocmi lahaa diinta iyo dowladda.

Waxaan ku soo koobi lahaa in bulsho kasta ay leedahay dhibaatooyin ragaadiyay oo ay la daalaadhacayso sidii ay xal ugu heli lahayd. Ummadaha qaar dhibtoodu waa mid akhlaaq, kuwo kalana dhibaato dhaqaale, mid siyaasadeed, mid jahli, mid bulsho, halka kuwo kalana ay haysato dhibaatooyinkaas oo is biirsaday. Haddaba su'aasha is-weydiinta mudani waxay tahay, haddii lagu weydiiyo adiga dhibaatooyinka ragaadiayay ummadda Soomaaliyeed maxaad ku jawaabi laheyd?

1.11 Qaranyahan

Soomaaliya waxaa soo gaaray burbur dhinac walba ah, haday noqon lahayd dhanka dowladnimada iyo dhanka bulshada. Si haddaba looga soo kabsado burburkaas waxaa lagama-maarmaan ah in la helo hoggaankii dib u dhisi lahaa dhinac kasta oo ay bulshadu ka burbursan tahay. Guud ahaan waxaa baahi weyn loo qabaa hoggaan, haddii ay noqon lahayd dhanka diinta, waxaa jirta baahi weyn oo loo qabo hoggaan diin/culimo dib u dhisa burburka soo gaaray dhanka diinta, dhinac taclinta, dhaqaalaha, dhaqanka iyo siyaasadda waxaa loo baahan yahay hoggaan bulshada Soomaaliyeed ka dhisa dhinacyadaas oo idil. Haba ugu sii darnaato dhanka dib u dhiska dowladnimadii burburtay oo ah dulucda maqaalkan aan ku faahfaahin doono qormadan kooban. Waxaan qormadan ku eegi doonaa nooca hoggaanka loo baahanyahay marka ay timaaddo dib u dhiska dowladnimada oo aan anigu ugu magacdaray Qaranyahan *Startesman* iyo waxa la xiriira xirfadda dowladnimada *Statecraft* ee looga baahanyahay in laga helo qaranyahan.

1.12 Qeexid Ereyga Qaranyahan

Qaranyahan waa qof aqoon xeeldheer u leh qaabka dowlad loo dhiso ama loo kala wado. Haddii si kale loo dhigana waa qof leh xirfad dowladnimo *Statecraft*. Markii ay soo ifbaxday mashruuca dib u dhiska dowlad-qaran *Nation State Building Project*, oo ay Soomaaliya u noqotay halbeeg lagu cabbiro dowladaha burburya *Failed State Index*, ayaa waxaa dib u soo cusboonaaday baadigoobka loogu jiro Qaranyahan taas oo rdib ugu noqonayo falsafadda Plato, Aristotle iyo falaasifadii Giriigga. Haddii aan ka bilowno Plato oo ahaa qofkii ugu horreeyay ee qodobkan si fiican uga hadla kuna qoray doodda qaranayahan *Statesman Dialogue* wuxuu timaamay in qaranyahan uu yahay ruux isku darsaday xikmad iyo karti *Wisdom and Courage*, isla markaana ay u dheertay xirfad iyo aqoon durugsan oo uu u leeyahay dhismaha dowladnimada, isagoo asaas uga dhigaya caddaalad, daryeel iyo dhawrista danta guud ee muwaadinka. Sidoo kale, dhismaha kadib, wuxuu aqoon gundheer u leeyahay kala wadista dowladimada *The Art of Governing*, waxaa intaa u dheer xallinta iyo ka gudbista dhibaatooyinka ku hareereysan xukunka iyo dowladnimada, isagoo garwaaqsan in mararka qaar ay dhici karto khaladaad iyo il-duuf siyaasadeed oo ka dhici kara hoggaanka.

Plato wuxuu ku sifeeyay Qaranyahan in uu leeyahay khibrad, aqoon iyo xirfad ku saabsan noocyada iyo heerarka kala duwan ay dowladnimadu marto iyo mid walba wanaagga iyo xumaanta ay u leedahay dadka iyo dowladnimada. Tusaale, haddii talada dowladu gacanta u gasho hal qof waxay ku dambeysaa kalitalis *Timocracy* oo ah kaligii-taliye doonaya in uu sameysto haybad, magac iyo sumcad *Honour* isaga u gaar ah. Plato wuxuu ku dooday in inta badan kaligii-taliyuhu marka ugu dambeysa uu ku dambeeyo dambiile *Criminal*. Sidoo kale, haddii dowladdu gacanta u gasho koox yar *Aristocracy* waxay ku dambeysaa *Oligarchy* oo ah koox yar oo musuqmaasuq iyo boobka hantida dowladda xukunka u adeegsada. Haddii dowladnimadu ay gacanta u gasho koox sida hadda Soomaaliya ka jirta ku timid qaab qabyaalad 4.5 aan dimuqraaddiyad ahayn balse magaca uun ka wadata, waxay iyaduna ku dambeysaa qaab mooryaan iyo hoggaamiye kooxeed oo kale ah *Ochlocracy* ama *Mob Rule*, dowladana waxaa is ka wada qaata qabiilka madaxweynuhu ka soo jeedo dadka intiisa kalana bannaanka ayey dowlada ka joogaan.

Doodda qaranyahan Plato wuxuu ku bilaabay culeyska ay leedahay qeexidda iyo qaranyahanka dhabta ah waxa uu uga duwan yahan hoggaanka intiisa kale, wuxuuna dooda ku soo gabagabeeyay casharka ugu muhiimsan ee laga faa'iidayo doodan ay tahay in qaranyahanka dhabta ah uu yahay hoggaamiye leh khibrad dhif iyo naadir ah oo ka qota-dheer kana mug-weyn xukun iyo awood kali ah. In kastoo Plato markii uu ka hadlayay noocyada iyo heerarka kala duwan ee dowladnimadu marto iyo mid walba xumaanta ay leedahay aanu sheegin xalka iyo sida ugu habboon ee looga gudbi karo caqabadahaas. Balse Aristolte ayaa sida aan arki doonno soo gudbiyay xalka ugu munaasabsan ee loo mari karo badbaadinta dowladnimada marka ay ku dhacdo meerto caynkan oo kale ah.

Aristotle wuxuu u arkaa waddada looga bixi karo meertadan dhibta badan ee dowladnimadu ku jirto ay tahay in la helo dabaqad dhexe *Middle Class* oo dowladnimada hoggaamisa si dowladnimadu u noqoto nidaam hayadeed *Institutional* lagana saaro wax shaksi rabitaankiisa ku shaqeeya. Sida jaantuska hoose ku cad Aristotle wuxuu u qeybiyay dowladnimada 6 nooc oo kala ah;

1. Monarchy   Boqortooyo
2. Tyranny   Kalitalis
3. Aristocracy   Dabaqada sare
4. Oligarchy   Koox yar
5. Constitutional Government   Dowlad qanuun
6. Democracy   Dimuquraadiyad

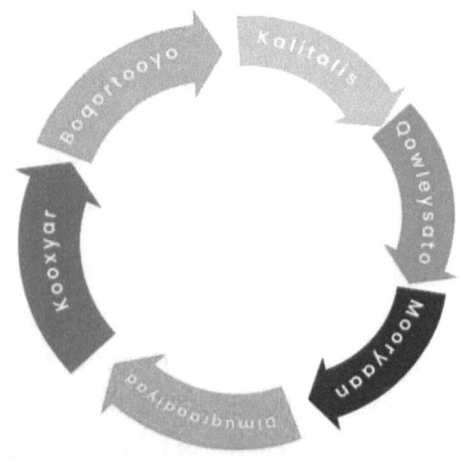

Haddii qof kali ah xukunka gacanta u galo waxay keentaa kalitalisnimo, haddii koox yar ay qabatana musuqmaasuq, haddii mooryaan dad wax ma garato ah ay gacta u gasho dowladu waxay ku dambeysaa *Mob Rule* dowlad fawdo ah, xalkuna wuxuu ku jiraa xukunka dabaqad dhexe *Middle Class* sida uu ku dooday Aristotle buuggiisa siyaasadda *Politics* iyo buuggiisa kale ee ka hadlaya akhlaakhda *Nicomachean ethics*. Waxaan is leeyahay dimuqraaddiyadda uu ka digayay Aristotle in ay tahay midda haatan Soomaaliya ka jirta ee ah mid la foolxumeymey oo aan marnaba suuragal ahayn in dowlad wanaag laga dhaxlo.

Sida uu ku dooday feylasoofka Jarmalka ah ee Jurgen Habermas, dowladnimadu waa cilmi *Science* ku dhisan dabiicada bani'aadanka oo ah noole bulsho iyo mid siyaasad, tiiyoo dowladnimadu tahay shaqo wadareed ay dhammaan muwadiniinta oo dhan ka wada qeyb galayaan si dhismaha dowladnimadu u noqoto mid ku saleysan mu'asasaadnimo ka fog qaab shaqsi ah. Dowladnimada noocan ah ayaa ah midda kali ah ee is-beddel iyo horumar ku soo kordhin karta dadkeed isla markaana yeelata saameynta ugu ballaaran ee dhanka siyaasadda. Balse haddii taas lidkeeda ay dhacdo dowladdu waxay ka qeybqaadataa burburka iyo dib u dhaca dadkeeda, siyaasadda oo ah meesha kali ah ee aan fawdo aqbali karin ayaa is ku badesha meel kala daadsan oo jaantaa-rogan ah, sidaas ayeyna siyaasaddu wax saameyn togan ah ugu yeelan karin nolosha muwaadinka.

Haddaba howsha ugu adag ay bulsho qabato waa in ay soo saarto, barbaariso oo ay tababarto hoggaankeeda dhinac kasta oo nolosha ah. hoggaankaas kiisa ugu muhiimsan wuxuu yahay qaranyahan, hoggaankii dhisi lahaa dowladnimada ka dibna kala wadin lahaa. Maadaama xilligan ay Soomaalidu la dalaa-dhacayso dib u dhiska dowladnimo, wax yaabaha hortabinta u leh buslhada waa in ay noqotaa howshaas qaran ee baaxadda weyn sidii loo xallin lahaa. Haddaba waxaa is-weydiin mudan, haddii ayna jirin mu'asasaad ku howlan shaqadaan muhiinka u ah bulshada Soomaalioyeed sidee ayey ku dhici kartaa in la helo jiilkii qaban lahaa howsha dowlad dhiska, mise fashalka inaga haysta dowlad dhiska aan hadda ku jirno ayaan indhaha ka sii daawannaa, mustaqbalkase dowladnimada Soomaaliya xaguu ku dambeyn doontaa?

Waxaan qeybtan oo aan kaga hadlayay falsafadda siyaasadda ku soo koobi lahaa in Soomaaliya ay ku jirto wakhti hoobansho ah oo ay wax walba burbrusan yihiin. Sida uu abwaan Timacadde ku dooday, hoos u dhaca iyo hoobashadu waxay soo bilaabatay sannadkii 1969 markii uu tiriyay gabayga "Dugsi ma leh qabyaaladi" iyo gabygii kale ee ahaa "Hadafka Baarlamaan" ka dib markuu arkay 64 xisbi siyaasadeed oo qabiil ku dhisan iyo dowladnimada waddada lagu raadinayo wuxuu tilmaamay in dalku cagta saaray wadadii burburka,, iyadoo wixii laga dhaxalay jiilkii ugu horreeyay ee siyaasiyiinta Soomaaliy uu ahaa in dowladii Soomaaliya ay fashilantay. Wixii intaa ka dambeeyay waxaa lagu socday wadadii burburka wax is-beddel ahna ma jioo. Hase ahaatee ummaduhu waxay is baddelaan, markii maskaxdu ama jiilku is-beddelo.

Sida uu ku dooday feylasoofka Aljeeriya u dhashay ee Maalik Ibnu Nabi, waxaa jira wakhti ummadahu ay dib u dhac dhanka xadaaradda ah ku timaaddo taas oo gaarsiisa in ay diyaar u yihiin in la gumeysto. Haddaba in gumeysiga ay oggolaadaan dadkaasi ma aha wax mar kali ah si kadis ah u dhaca ee waa hoos u dhac iyo hoobasho muddo soo jiitameysay ilaa meesha ugu hooseysa ee jiritaankooda ay gaareen. Sidaas awgeed, ummadda Soomaaliyeed waxay qeyb ka tahay labao hoobasho (*Casr Al-inxidaad*) oo is ku nooc ah, mid waa casrigii hoobashada ee Islaamka oo soo bilowday 4 qarni muddo haatan laga joogo iyo casriga hoobashada Soomaaliya oo soo bilowday qarnigii 20-aad. Labadan casri waxay wadaagaan maqnaashaha qiyamka siyaasiga ah iyo xukun wanaagsan. Nidaamkii xukunka Islaamka ee ku dhisnaa dimuqraaddiyadda iyo caddaaladda wuxuu is ku baddelay boqortooyo iyo kalitalis, halka midka Soomaaliyana uu is ku baddelay qabyaalad iyo musuqmaasuq kadibna uu ku dambeeyay af-gambi xukun millatari kalitalis ah iyo burbur dowladnimo.

Ugu dambeyntii, waxaa jira jahawareer bulshada ka haysta dowladnimadu waxa ay tahay, jahawareerkaas oo ay si fiican u cabbirtay gabar aad u yar maanso ay tirisay. Da'da gadhan yar oo aan ku qiyaasay inta u dhaxeysa 10 ilaa 13 jir, una muuqata ardayad dugsiga hoose dhexe ku jirta. Markii iigu horeysay waxa aan ku arkay baraha-bulshada iyadoo maansadan ka tirineysa gaar ahaan facebuuga, waxa ayna ku billabeysaa sidan;

> Horta waan ku daalee
> dowladnimadu qoladeed?
> Reerkey dun hoosiyo deyr
> iyo ood wadaagaan?
>
> Digil iyo ma Miriflaa?
> Daarood ma Hawiyaa?
> Ma Dunjire Gabooyaa
> Ma Dir iyo Isaaq baa?
> Midda kale dad waa tee?
> Ma rag baa ma dumar baa?
>
> Dalakh iyo ma ubad baa?
> Ma curyaanka daalaa?
> Daaci baa ma sheikh baa?
> Afka nimanka duubtiyo
> Ma Shabaabka dooxee
> Dilayee wax laayaa?
> Xayawaanka duurkiyo
> Ma ugaadha daaqdaa?
> Ma darmaanta faras baa?

Ma digiirta yaacdaa?
Summaddeed ma darin baa?
Dagmadeed ku nooshahay?
Xamar dacalladeedaa?
Baladweyn dusheedaa?
Beka daafeheeda?
Dowgiyo Luuq baa?
Daantaa Hargeysaa?
Durduryada Kismaayaa?
Boosaaso deeqaa?
Sheekh dooxeheedaa?
Doollo buureheedaa?
Diridhaba Hawaas baa?
Dayixiyo samadaa?
Xiddigaha dushoodaa?
Ma owrkey ladaris tahay?
Mise Dibqaloocyada?
Dabka yeyska qaataan?
Horta waan ku daalee
Dunidaa kaleetana
Dowladnimadu waa maxay?
See Mareykan loo degay?
Dadyowgaa madowgiyo
Caddaankiyo isku darankee
Daafaha ka kala yimid
See dariiq u qaadee?
Is ku duubni loo helay?
Ma wax naga dahsoon baa?
Miyaan dowladnimadaba

calaf laygu darin ani?
Dunidu waa baraartee

yaa udiiday teennii?
Maxay nagaga duwanyiin?
Horta waan ku daalee
Dowladnimada qaabkiyo
Dariiqaan ku soorniyo
Dowga aan ku raadinno!

CUTUBKA 2
FALSAFADDA AKHLAAQDA

FALSAFADDA AKHLAAQDA

"Dadkaan la hadlayaa baan lahayn dux iyo iimaane"

Akhlaaqdu waa asaaska jiritaanka nolosha bani'aadanka. Marka bulsho ay burbureyso waxa ugu horreeya ee uu ka bilowdo waa midka ku dhaca akhlaaqda. Sidaas awgeed, falsafadda akhlaaqda ee abwaan Timacadde waxay ka hadleysaa si guud burburka ku dhacay akhlaaqda iyo qiyamka ummadda Soomaaliyeed iyo si gaar ahaaneed akhlaaqda ama qiymaka siyaasadda iyo siyaasiga Soomaaliga ah burburka ku dhacay. Haddii ay falaasifadii Giriigu u arkayeen dowladnimadu in ay tahay qaabka ugu habboon ee bulsho ku xaqiijin karto wanaagga iyo kheyrka nolosha, iyagoo falsafadda akhlaaqda xiriir adag oo qota-dheer uga dhigay siyaasadda iyo dowladnmada. Sidaa si la mid ah ayuu isaguna dhankiisa abwaan Timacadde falsafadda akhlaaqda ku xiray siyaasadda iyo dowladnimada. Sidaas ayuuna cilmiga siyaasaddu ku noqday cilmiga ugu sharafta badan falaasifadii Giriigga agtooda iyo abwaan Timacadde dhankiisa. Cilmigan oo kala haga nolol-maalmeedka bulshada dhan kasta oo ay ahaato, dhanka dhaqaalaha, amniga, wax-barashada, caafimaadka i.w.m. Hase ahaatee marka nolosha waxa hagaya ee qaabeeya uu noqdo waaqica lagu noolyahay ama sida ay wax u dhacayaan, noloshaasi waxay noqotaa mid ciriiri ah, dhacdadaas nooca ay doono ha ahaato; mid xun ama mid fiican, marka dambe waxay is ku badashaa waajib. Tusaale wanaagsan waxaa u ah, markii waaqicii Carabta jaahiliga ee nolol ku aasidda gabdhaha ay is ku badeshay amar waajib ah, iyadoo xaaladda ay ku noolaayeen ay noqotay mid ciriiri ah ilaa Qur'aanku is-beddel ku sameeyay waaqicaas adag ee foosha xun.

Sidoo kale saami qeybsiga 4.5 siyaasadda Soomaaliya ee Carta Jibuuti 2000 kasoo bilowday ay ahayd arrin ka dhalatay waaqicii xanuunka badnaa ee markaas jiray looga gudbayo, iminka se aad mooddo in uu isu baddelay waajib ka dib markii muddo rubuc qarni ah lagu soo dhaqmayay. Tiiyoo arrinku sidaa yahay ayaa waxaan is ku dayi doonaa qeybtan in aan kaga doodo in Soomaalidu ayna lahayn falsafad akhlaaq si guud ahaan iyo si gaar ahaan qiyam siyasadeed, *Political Ethics*. Sidoo kale, waxaan sahmin doonaa gabayga abwaan Timacadde in uu saldhig u noqon karo aragti cusub oo falsafad akhlaaq iyo mid qiyam siyaasadeed oo u baahan in Soomaalida loo soo bandhigo.

2.1 Qeexid Ereyada Akhlaaq iyo Qiyam

Cilmiga falsafadda akhlaaqda waa cilmi darsa hab dhaqanka bulshada iyo qiyamka qofka u gaarka ah. Haddii aan eegno ereyga *Ethics* qiyam waa dhaqanka bulshada dhexdooda ay ku wada mucaamalaan iyo sida ay u arkaan xumaha iyo samaha, khayrka iyo sharta. Balse akhlaaqdu, *Morality,* waa hab-dhaqanka qofka u gaarka ah ee uu ku sifoobo. Tusaale, waxaad dhihi kartaa qofkaasi waa qof akhlaaq leh adigoo tilmaamaya shakhsiyadiisa iyo hab-dhaqankiisa wanaagsan, *Good Moral Character.* Sidoo kale, marka aad rabto in aad tilmaam ka bixiso bulsho qiyam fiican leh waxaad dhihi kartaa bulshadaasi waa bulsho qiyam sare leh, *Good Ethical Society.* Haddii si kale loo dhigo, qiyam, *Ethics,* waa aragtida dadku ay ka haystaan wanaagga iyo xumaha. Tusaale, haddii lagu weydiiyo caddaalad maxaa la dhahaa? Waxaad ku jawaabi kartaa, caddaalad waa dadka oo xuquuqda iyo waajibaadka loo simo iyadoon loo kala eexan. Balse haddii aan ku weydiiyo caddaaladda aad tilmaamtay waaqica aad ku nooshahay ma ka jirtaa? Jawaabtu waa maya ka ma irto! Akhlaaqdu waa marka caddaaladu is ku dabesho waaqica nolosha oo qof walba ay u noqoto sifo shakhsi ah. In kastoo badanaa labadan erey ee akhlaaq iyo qiyam si is ku mid ah loo adeegsado, haddana micno ahaan wey kala duwan yihiin. Qiyamku wuxuu khuseeyaa bulshada, kan labaad ee akhlaaq isaguna wuxuu gaar u yahay qofka.

Cilmibaarista la xiriirta akhlaaqda qofka iyo qiyamka bulshada marka la eego daraasaadka Soomaaliya waxaa la oran karaa waa meel eber ah oo aan wali waxba laga curin. Dhanka qiyamka siyaasadda sidoo kale wax daraasaad ah laga ma qorin, balse baahida loo qabo falsafad qiyam waxay ka sii dartay markii dhibaatada inaga haysata qiyamka iyo akhlaaqda lafteeda ay inagu khasabtay in la eego, lagu baraarugo, cilmibaaris qota-dheerna lagu sameeyo isla markaana la aasaaso falsafad akhlaaq guud iyo curinta cilmiga qiyamka siyaasadda si khaas ah, ka dib markii dowladnimadii Soomaaliya ay burburtay sanadkii 1991 ilaa wakhtigan aynu joogno oo ku sii siqeysa nus qarni ay wali dib u dhismi la'dahay.

2.2 Shakhsiyadda Qofka Soomaaliga ah

"Thus while the Somalis draw many of their distinctive characteristics, especially their strong egalitarianism, their political acumen and opportunism, and their fierce traditional pride and contempt for other nations from their own traditional culture, they also owe much to Islam."

"Soomaalidu in badan oo astaamahooda gaarka u ah waxay ka qaateen, gaar ahaan sinnaantooda adag, go'aan qaadashadooda siyaasadeed ee dagdaga ah iyo fursadle-nimadooda, iyo dhaqankooda aadka u daran ee isla qab-weynida iyo yasmada ay dadka kale u hayaan waxay kala yimaadeen dhaqankooda iyo caadadooda waxay sidoo kale in badan oo kale ka qaateen Islaamka."

Sida uu ku dooday I M Lewis, qofka Soomaaliga ah wuxuu leeyahay seddex hayb ama aqoonsi oo kala ah; 1. Qabiil, 2. Soomaalinimo, iyo, 3. Islaamnimo. Maadaama uu qof ahaan ka sameysanyahay seddexdan walxaad oo is biirsaday, caqligiisa iyo akhlaaqdiisa waxa abuuray ay tahay wadartooda, waxaan sahmineynaa inta ay la'egtahay saameynta dhanka akhlaaqda iyo qiyamka ay ku leeyihiin seddexdan shey dammiirka ruuxa Soomaaliga ah. I M Lewis wuxuu tilmaamay in dhaqanka qabiilka reer guuraaga ee xoola dhaqatada ah uu ka dhigay qofka Soomaaliga ah ruux qabweyn oo rumeysan in aanu jirin qof isaga ka sarreeya. Haddaba qab-weynidu waxay xambaarsa tahay labo shey oo qiima badan oo kala ah; 1. Geesinimo iyo 2. Deeqsinimo. Haddii aan ku bilowno geesinimada. Ruuxa Soomaaliga ah waxaa lagu ababiyaa yaraantiisa in uu yahay ilaaliyaha sharafta, xoolaha, ceelka iyo deegaan-daaqsinta qabiilkiisu leeyahay. Tarbiyada ceynkan ah waxay soo saartaa *Waranle* geesi ah oo cabsi iyo jixinjix midna aqoon. Sidoo kale, waxay meesha ka saartaa in qofka lagu arko ama laga dareemo fulaynimo iyo doqonnimo. Haddaba, qiimaha geesinimada, *Courage,* dhammaan falaasifadu waxay isku raacsanyihiin in ay tahay sifo fiican oo ka mid ah sifooyinka wanaagsan ee akhlaaqda *Virtue*, Dhanka qiimaha *Axiology* waa wax dadka agtooda qiima ku leh geesinimada. Balse feylasoofka Giriigga ah ee Aristotle buuggiisa *Nicomachean Ethics* wuxuu ku tilmaamay in geesinimadu leedahay miisaan la saaro *Golden Means,* oo haddii ay xadkeeda dhaafto waxay is ku badeshaa qar is ka tuurnimo, haddii ay hoos uga dhacdo meeshii la rabayna waxay is ku dabeshaa fulaynimo. Haddaba, haddii misaankaasi dheelliyo, geesinimada oo markii hore ahayd sifo ka mid ah kuwa ugu wanaagsan waxay is ku badeshaa sifo xum *Vice* oo haddii bulshada lagu barbaariyo dilka iyo dagaalka waxay waayaan macaanka bani'aadanimada, waxaa ka luma kalsoonida nafta, waxaa bata kala shakiga iyo is qoonsiga dhexdooda, waxaa adkaata wada-noolaashaha iyo wax wada yeelashada, waxay ciyaal u noqdaan dadka kale, sida in dadka ajaanibta ah ay mar walba amar ku siiyaan, iyagoo farta ugu fiiqaya, kan samee, kan ha sameyn iyo in la daadihiyo iyadoo gacmaha lahayo sidii carruur socod barad ah oo kale.

Haddaba waxaa u baahan in la kala sooco *Pride,* qabka qofku ku ilaashanayo xorriyadda iyo karaamadiisa lagamamaarmaanka u ah jiritaanka qofka bani'aadanimadiisa iyo qabka ku dhisan faanka, is la weynida, dulmiga, xaqiraadda iyo dagaalka, kaas oo marka dambe dadka dhaxalsiiya burbur, dullinimo iyo tabar-darro, ilaa marka ugu dambeysa ay gaarsiiso heer ay naftooda, dalkooda iyo diintooda difaacan waayaan. Xaaladda Soomaaliya ay ku jirto xilligan waxay u muuqataa in ay tahay midda aan soo sheegnay. Shalay Kenya ayey ahayd waddankii is ku dayay in uu badda Soomaaliya xoog ku qaato haddii ayna jiri lahayn sharciyo caalami ah iyo meel lagu kala baxo xaalku siduu noqon lahaa waan wada garaneynaa. Maanta Itoobiya ayaa isku dayeysa in ay markeeda xoog ku qaadato badda Soomaaliya iyadoo adeegsaneysa siyaasi Soomaali ah oo aan akhlaaq iyo qiyam ummadeed midna dhawreyn. Maadaama aynaan Itoobiya ka difaacan karin baddeena waxaan dunida ka baryeynaa in ay ina difaacaan oo ay baddeena inoo ilaaliyaan. Kasoo qaad in markan Itoobiya lagaa celiyo sidii Kenya shalay lagaaga fujiyay, berri haddii qolo kale ku soo damacdo yaa kaa dhicinaya? Tiiyoo wali waddammada darisku ay daawanayaan dagaallada joogtada ah ee Soomaalida u dheexeeya iyo in nabad ku wada noolaansho dhexdooda ah laga la'yahay.. Waa halka ama meesha uu abwaan Timacadde ka yiri. "Goortay is wada dooxatay baa daad isoo geliye"

Deeqsinimada iyaduna waa sifo kale oo qofka Soomaaliga ah uu leeyahay waxayna xiriir la leedahay geesinimada, iyagoo dhinaca kale u arka bakheynimadu in ay tahay qeyb fulaynimada ka mid ah. Sidoo kale, waxaa jira sifooyin fara badan oo qofka Soomaaliga ah agtiisa qiimo ku leh haddii la soo koobana la dhihi karo waa kuwooda ugu mudan waxaana ka mid ah;

1. Runta
2. Ammaanada
3. Xishoodka
4. Xilkasnimada
5. Is-taakuleynta

Waxaa jira kuwo kaloo fara badan oo aan halkan lagu soo wada koobi karin, balse halka meel oo dhammaan laga wada heli karo waa dhaqanka Soomaalida, *Somali Culture*. Sidoo kale wax walba oo ay Soomaalidu u taqaan xumaan iyadana waxaa laga helaa caadooyinka Soomaalida, *Somali Tradition*. Wanaag oo dhan wuxuu ku jiraa dhaqanka halka xumaan oo dhan ay ku jirto caadada. Maxaa xun maxaa fiican, kheyr iyo shar, cilmiga qiimaha sheyga, *Axiology*, marka laga hadlayo weelka ay ku jiraan ee laga fiirinayo waa dhaqanka iyo caadada Soomaalidu leedahay.

Dhanka diinta, Soomaalidu waxay kala mid ahaayeen Muslimiinta intooda kale. Sida uu ku dooday feylasoofka Morocco u dhashay, Maxamed Caabid Al-jaabiri, buuggiisa *Al-caql Al-akhlaaqi Al-carabi*, wuxuu sheegay in Muslimiintu ayna wax qeyb ah ku laheyn fikirka falsafadda akhlaaqda, balse ay ku gaabsadeen axkaamta fiqhiga waxa ay fuqahadu ka dheheen 5-ta xukun ee kala ah; 1. farad 2. Danbi 3. Xaaraan. 4. Karaahiyo iyo 5. Mubaax. Qofka Soomaaliga ah marka uu su'aal diini ah qabo wuxuu culimada weydiiyaa fadwo, wax intaas dhaafsan oo cilmi akhlaaq iyo qiyam ah ma jiraan. Ha ahaato kutubada turaathka Islaamka culimada agtooda yaalla ama madaaris fikri ah oo dadka Soomaalidu ay asaaseen oo ka hadlaya aragti ama falsafad akhlaaq midna dalka ka ma jirin. Gabi ahaan fiqhigu wuxuu is ku baddelay *Fiqhul Thaahir* fiqhi waxa muuqda kali ah ku kooban oo aan *Baadin* gudaha dhanka akhlaaqda iyo qiyamka ka dhiseynin qofka Muslimka Soomaaliga ah. Fiqhigaas nuxurkii Islaamka ka arradan ee qolofta ama qasharka sare ku kooban markii la yiri ha la dabaqo oo qolyihii xag-jirka ay Soomaaliya qabsadeen, waxaa dhacday foolxumo aad u weyn oo Islaamka iyo Soomaalinimada ay u geysteen kuwaas wax ma garatada xag-jirka ah ee magaca Islaamka dhaawacay. Maalin waxay soo qabteen wiil ay ku hayseen fal dambi inuu geystay oo ay ku xukumeen lug iyo gacan is-dhaaf ah in laga gooyo, markii xukunka lagu fuliyay ka dib ayey haddana ku soo laabteen oo ku yiraahdeen, lugta meel khaldan baan ka goynay ee waa in haddana mar labaad lagu jaro, waxaad mooddaa sidii alwaax cabbir khaldan la jaray oo haddana mar labaad lagu soo noqday oo kale! Balse marka la eego dhanka dariiqooyinka Suufiyada ma jirin saameyn durugsan oo ay ku lahaayeen akhlaaqda iyo qiyamka qofka Soomaaliga ah. Sababta keentay waxay tahay sida uu ku dooday I M Lewis, *"The nomadic Somalis are a warlike people, driven by the poverty of their resources to intense competition for access to water and grazing.*" "Soomaalida reer baaddiyaha ah waa dad dagaalyahanno ah, waxa dabada ka wada ay tahay faqriga ka jira dhanka ilaha dhaqalaha iyo loollanka adag ee ka jira sidii ay ku heli lahaayeen biyo iyo taaqsin."

Sidaas awgeed, waxaa is keeni waayay qaabka dariiqooyinka Suufiyada ay wax u wadeen oo ahayd in nolosha fasax laga qaato *Zuhd*i iyo qaabka Soomaalidu u nooleyd. Haddii si kale loo dhiga, waxay dadka ku wacdin jireen in nolosha laga fogaado, duurka la galo, mowlac lagu jiro, isla markaana lagu noolaado sakawaadka iyo sadaqada dadka kale ay siiyaan. Haddaba in raad muuqda oo la arki karo ay dariiqooyinka Suufiyadu ku yeelan waayaan akhlaaqda iyo qiyamka bulshada Soomaaliyeed waxaa sabab u ah sida aan kor ku xusay oo ah, hab nololeedka adag ee Soomalidu ku nooleyd ilaa xilligan aynu joognana ay wali ku nooshahay. Tiiyoo Soomaalidu ay u arki jireen *Wadaad* oo dhan ama macallin Qur'aan ha ahaado ama sheikh ama aw Suufi ah in ay dumarka ka tirsan yihiin. Waxaa la sheegaa hadal ay tiri naag reer baaddiya ah oo iyadoo madax qaawan uu nin u soo galay, markaas bey ku tiri; waa ayo qofka guriga soo galay? Markaasuu yiri waa wadaadkii, markaasey ku tiri, soo gal nin baan ku moodaye!

Sawirkii noocaas ahaa ee laga haystay wadaadka Soomaaliga ah wuxuu is-beddelay markii gumeysiga reer galbeedku yimid carriga Soomaaliya oo uu wadaadka Soomaaliga ah noqday midka kali ah ee u taagan difaaca dadka, dalka iyo diinta. Culimadaas oo kuwooda ugu caansan isla markaana ka tirsanaa dariiqooyinka Suufiyada waliba dariiqada Saalixiyada wuxuu ahaa mujaahidkii weynaa ee Sayid Maxamed Cabdille Xasan. Sayyid Maxamed wuxuu wax ka baddelay taariikhda Soomaaliya dhan kasta. Wuxuu la yimid aragti casri ah oo ku saleysan waddaniyad Soomaalinimo, *Somali Nationlsim*, taas oo sayidka ka dhigtay in uu noqday aabbihii waddaniyada Soomaaliya *The Father of Somali Nationalism* sida I M Lewis uu ku qoray buuggiisa Taariikhda Casriga ah ee Soomaaliya, *A Modern History of Somalia*, iyo Siciid Samatar buuggiisa *Oral Poetry and Somali Nationalism: The Case of Sayyid Mahammad Abdille Hasan*, isaguna wuxuu sheegay in Sayyidku hodan ka dhigay suugaanta Soomaalida, gaar ahaan gabayga iyo in gabayga uu u adeegsaday dhismaha wacyi wadareed siyaasad waddaninimo, *Collective Political Nationalism Consciousness*. Sidoo kale, Sayyid Maxamed wuxuu lahaa aragti iyo yool siyaasadeed uu ku doonayay in dadka Soomaalida ah ee dagan geeska Afrika uu ku mideeyo hal dowlad ay wada leeyihiin. Wuxuu sidoo kale lahaa qoraallo afka Carabiga ku qoran oo isugu jira doodo fiqhi ah iyo gabayo af Carabi ah oo aan ka yareysan gabayadiisa afka Soomaaliga ah.

Maadaama aan sheegay in akhlaaqda iyo qiyamka Soomaalida ay sal u yihiin seddexdaas shey ee kala ah; qabiil, diin iyo Soomaalinimo, labada horana aan ka soo hadalnay, bal markan aan eegno Soomaalinimadu in ay wax akhlaaq iyo qiyam ku saabsan ku soo kordhisay bulshada Soomaalida ah.

Soomaalinimadu waxay soo shaac-baxday markii gumeysiga reer galbeedku yimid gayiga Soomaaliya. Wixii ugu horreeyay ee uu sameeyay gumeysigaasi waxay ahayd in uu kala qaybsaday joqoraafi dhuleedkii dadka Soomaalidu daganeyd. Koonfurta Soomaaliya waxay gacanta u gashay Talyaaniga, waqooyiga waxaa qabsaday Ingiriiska, Jibuuti waxaa la wareegay Faransis. Waxaa ku xigay in uu haddana dadkii Soomaalida ahaa u qaybiyay qabiillo iyo in uu dadka kirishtaamiyo isagoo diintooda Islaamka ka baddelay. Gumeysiga reer galbeedku wuxuu burburiyay dhan kasta oo qaab dhismeedka bulshada Soomaalida ah. Dalka wuxuu u qeybiyay 5 qeybood, dadka wuxuu u qeybiyay qabiillo, dhanka diinta, wuxuu faafiayay diinta kirishtaanka, dhanka dhaqanka wuxuu abuuray siyaasi oo gacantiisa awoodii ku baahsaneyd buslhada dhexdeeda lagu wada uruuriyay, Dhinaca dhaqaalaha, gumeysiga ka hor Soomaaliya waxay sakada u diri jirtay waddammada *Khaliijka* oo markaas la isku oran jiray *Ardul Najd*. Balse markii gumeysigu yimid waxay Soomaaliya la kowsatay abaaro iyo gaajo baahsan oo soo noqnoqda kuwaas oo ilaa waqtigan la joogo Soomaaliya ay wali kasoo kabsan la'dahay. Haddii si kale loo dhigo oo aan amaahdo ciwaanka buugga sheeko xariirta ah ee uu qoray qoraaga Nigeria u dhashay Chinua Achebe ciwaankiisuna ahaa *Things Fall Apart* wax walba wey kala daateen markii gumeysigu yimid Afrika. Waxaad sidoo kale eegtaa buugga uu qoray Walter Rodney, *How Europe Underdeveloped Arica*, Sida Yurub ay u Horumar-seejisay Afrika.

Marka aan ka hadleyno Soomaalinimada iyo waddaniyadda *Somali Nationalism* waxay ka dhalatay falcelis ah imaanshihii gumeysiga reer galbeedka iyo sidoo kale aragtida casriga ah ee dowlad-qaran *Nation State* taas oo iyaduna xiriir la leh soo if-bixii dowladnimad casriga ah, *Modern State*, Halka siyaasadduna ay sal u ahayd aragtidii qarnigii 20-aad ka jirtay dunida inteeda badan gaar ahaa dunida sedexaad oo xornimada ka qaatay gumeysiga reer galbeedka. Haddaba intaas aragti oo is ku dhafan marka la eego, ma jirtaa falsafad akhlaaq iyo qiyam ay Soomaalidu ka qabto sida siyaasadda iyo dowladnimada looga shaqeeyo? Su'aashaas jawaabteeda oo kooban waa maya. Dooddan oo faahfaahsan waxaan kaga soo hadalnay cutubka 1aad ee buugga markii aan ka hadlayay sidii uu ku sameysmay jiilkii ugu horreeyay ee siyaasiyiinta Soomaalida, kaas oo aan ku soo bandhigay in siyaasadda iyo siyaasiga Soomaaliga ay labaduba ka maranyihiin wax akhlaaq iyo qiyam ku saabsan, tiiyoo siyaasiga Soomaalyga ah dhaxalsiisay in uu yeesho kuna caan-boxo 5 sifo oo kal ah;

1. Reer baaddiyanimo
2. Jahli

3. Qabyaalad
4. Musuqmaasuq
5. Karti xumo

Haddaba, haddii sida uu ku dooday Ibnu Khalduun, dowladdu tahay sawirka bulshada kaas oo lagu ogaado akhlaaqda iyo qiyamka ummadaha, waxaa la odhan karaa siyaasiga Soomaaliga ah wuxuu foolxumeeyay sawirka ummadda Soomaaliyeed. Nidaamka dowladnimo ee laga dhaxlay gumeysiga wuxuu maray seddex heer oo kala ah; 1, Xilligii gumeysiga, *Colonial phase*, 2) Gumeysiga ka dib ,*Postcolonial phase*, 3) Baabi'inta gumeysiga, *Decolonisation phase*. Midka kowaad wax muran ah ka ma taagna in ay dhacday wakhtigii gumeysiga, balse kan labaad ee gumeysiga ka dib la is ku ma raacsana in si fiican looga wada xorrobay gumesiga. Midka saddexaad waxaa la odhan karaa wali ma bilaabanin, maxaa yeelay maba lagu baaraarugin baahida loo qabo shaqadan muhiimka ah haddii la-rabo in Afrika ay gaarto madax-bannaani dhammaystiran si ay ummadaha kale ula tartamaan. Dooddan waxaa buuggiisa *Decolonising the Mind* ku soo bandhigay qoraaga Kenya u dhashay ee magiciisu yahay Ngugi Wa Thiong'o.

Burburka ku dhacay dowladnimada Soomaaliya waxaa la oran karaa in ay sabab u ahayd qiyamka siyaasidda oo gabi ahaan maqan. Mushkiladaas dhanka qiyamka siyaasadda inaga haysata ayaa wali caqabad ku ah dib u dhiska dowladnimada Soomaaliya. Hoos u dhaca qiyamka siyaasaddu wuxuu keenay in dhaqanka, diinta iyo gabi ahaan nolosha bulshada Soomaaliyeed uu sidoo kale burbur ku dhacay. Xaaladda aan ku suganahay waa midda keentay in Soomaaliya ay tusaale xun oo la'isku cabsiiyo u noqotay dunida inteeda kale. Waxay Soomaaliya booska hore kaga jirtaa; musuqmaasuqa, macaluusha, argagixisada, colaadaha sokeeye, abaaraha iyo burburka dowladnimada, *Failed State Index*. Si haddaba dhibaatada dhanka qiyamka siyaasadda looga baxo waa in la aasaaso falsafad qiyam oo aan anigu is leeyahay waxay ku jirtaa dhaqanka ruuxa Soomaaliga ah.

Markaad u fiirsato dhaqanka Soomaaliga ah wuxuu xambaarsanyahay wax walba oo qiimo u leh bulshada Soomaaliyeed. Tusaale, marka la xallinayo muranka qoyska, dardaaranka ugu dambeeya ee labada is qaba la siinayo waxaa lagu soo gabagabeeyaa hadalka ah, ninyahow reerkaaga dhaqo, gabaryahay reerkaaga dhaqo. Marka la sifeynayo ruuxa wanaagsan waxay Soomaalidu dhahdaa, hebel waa qof dhaqan wanaagsan, *Good Character*. Haddii si kale loo dhigo, Soomaalidu dhaqan ahaan wanaagga waxay u arkaan wax afka baarkiisa kali ah aan ahayn ee u baahan ku dhaqan si ficil ah qofka uga muuqda. Haddii sifada ama sheyga la tilmaamayo uu yahay. Tusaale ahaan, runta waxay dhahaan, qofkaasi waa runtii oo qof ah, deeqsinamadii oo qof ah, ammaanadii oo qof ah, ixtiraamkii oo qof ah, geesinimadii oo qof ah i.w.m. Haddaba, haddii falsafaddaas akhlaaqda Soomaaliga ah ee aan gaarka u leennahay aan dhaqan-galinno waxaan is leeyahay in wax walba oo inaga hallaabay ay inoo hagaagi doonaan. Dowladdeenna aan dhaqanno si aan dib ula soo noqonno sharafteenii luntay. Xoolaha aan dhaqanno si dawarsiga iyo baahida aan uga baxno. Qoyskeenna aan dhaqanno si jiil akhlaaq, aqoon, karti iyo nabad ku wada-nool aan u soo saarno, si magaceennu uu u nuqdo *Dhaqane* oo ah tilmaanta qof Soomaali ah oo xumaan oo dhan ka dhaqan, nadiif ah, wanaag oo dhanna ku dhaqma.

Waxaan ku soo koobi lahaa qeybtan in hadda ka hor mar aan ka qeyb galayay dood aan ku sheegay farqiga u dhexeeya dhaqan iyo caado. Dhaqanku waa wax walba oo wanaagsan, halka caadadu ay tahay wax walba oo xun. Ma jiro dhaqan xun sida ayna u jiri karin caado wanaagsan. Dhaqanku waa nadaafad, caadaduna waa wasakh. Tusaale, caadada luqad ahaan afka Soomaaliga waxay ka timid caadada ku dhacda dumarka. Sidaas darteed, caadadu waa xumaanta bulshadu caadeysteen, sida qabyaaladda, eexda, dhaca iyo colaadaha, waana sababta keentay in aan u arko dhaqanku in uu yahay, *Somali Virtue,* wanaag Soomaalida u gaar ah una baahan in laga amba-qaado marka la curinayo falsafad qiyam. Waxaan si faahfaahsan qeybaha soo socda kaga hadli doono heerarka ay soo martay falsafadda akhlaaqda laga soo bilaabo falaasifadii Giriigga, sida Socrates, Plato iyo Aristotle ilaa laga soo gaaro casrigan aynu joogno.

2.3 Falsafadda Akhlaaqda ee Socrates

Giriiggii hore waxay ahaayeen kuwii bilaabay in si falsafad ah, nidaamsan oo cilmiyeysan looga doodo su'aalaha muhiimka ah sida; waa maxay caddaalad, qofkee wanaagsan, noloshee farxad leh iyo bulsho tee ugu fiican? Su'aalahaas iyo jawaabohooda waxay ahaayeen qaabkii uu dadka u weydiin jiray feylasoofka magaciisa la yiraahdo Socrates oo ahaa macalinkii Plato kuna noolaa magaalada Athens ee caasimadda Giriigga 2400 oo sano muddo laga joogo. Socorates wuxuu mala-awaalay magaalo, *Kallipolis*, tan ugu fiican oo wax walba ay sidii la rabay yihiin. Dhismaha dowladaas khiyaaliga ah waxay masuuliyadeeda saarantahay muwaadin kasta oo dammiir leh. Dowladaas waxaa ka taliya caqliga, akhlaaq iyo aqoonta dadkuna waxay ku wada nool yihiin si aad u habeysan, *Harmony*. Socrates ma ahayn feylasoof nolosha fasax ka qaatay oo meel cidla' ah ku nool, balse wuxuu ahaa feylasoof waaqica nolosha si fiican ula falgalay. Wuxuu wareegi jiray wadooyinka magaalada, suuqyada iyo meelaha dadku isugu yimaadaan, isagoo dadka weydiin jiray su'aalo noloshooda ku saabsan iyo sida ay u arkaan xaaladda markaas taagan. Wuxuu ahaa mid dadka uu la kulmo ku reebi jiray dareen isagoo kale aan wali horay loo arkin, wuxuu ahaa ruux saameyn weyn leh. Marka uu la kulmayo bulshada ku nool magaalda qeybaheeda kala duwan, wuxuu ku bilaabi jiray sheekada su'aalo iska soo horjeeda, *Dialectic*, si uu caqligooda u kiciyo, isla markaana ay si qoto-dheer uga fekeraan hadalkooda iyo jawaabaha ay bixinayaan, haddii kale waxaa dhici jirtay in qof su'aal uu weydiiyay isaga oo aan si fiican uga fekerin jawaabta ku fududaado ka dibna dadka hortooda uu ku ceebooba isagoo waliba qofkaasi is-bidayay in uu aqoon iyo cilmi ku filan u leeyahay mowduuca doodda, kadibna ay muuqatay jahliga qofka doodaya iyo in wixii uu meesha ku hayay ay ahayd aragti, *Opinion*, balse ayna ahayn aqoon, *Knowledge*.

Haddaba,qeybtan waxaan kaga doodi doonaa aragtida falsafadda akhlaaqda iyo qiyamka waxa uu ka yiri Socrates iyo doodaha uu ku soo bandhigay Plato buuggiisa *Republic*, maxaa yeelay Socrates laga ma hayo wax qoraal ah oo ka baxsan qoraallada ardaygiisa Plato uu ka qoray. Waxaan si gaar ah diiradda u saari doonaa doodaha sida gaarka ah u khuseeya akhlaaqda iyo qiyamka iyo doodahaas dulucooda meelaha ay ku soo biyo-shubteen. Tusaale, doodda Socrates uu ku difaacayo caddaaladda, *Justice*, doodda uu ku raadinayo qeexidda ereyga samaha ama wanaagga, *Virtue*, doodda uu ku raacdeynayo su'aasha oraneysa, nuxurka kheyrka iyo sharta xaggey ka imanayaan, ma caqliga mise Allaah?

2.4 Taariikhda Socrates oo Kooban

Socrates wuxuu ku dhashay magaalada Athens ee carriga Giriigga sandku markuu ahaa 469 BC ka hor dhalshadii Nabi Ciise (NNKH). Aabbihii wuxuu ahaa dhagax jabiye, *Stone Mason*, hooyadiina waxay ahayd umuliso, *Midwife*. Xilligaas waxay ahayd Athens magaalo dowlad ah, *City State*, oo ahayd sidii ay inta badan isku xukumi jireen magaalooyinkii iyo jasiiradihii Giriigga ka jiray wakhtigaa. Athens waxay ahayd dowlad hoobasho ku jirta. Waxaa lagu jabiyay dagaalkii *Peloponnesian War*, waxaa is xigay nidaam kalitalis ah, *Tyranny*, mid koox yar ah, *Aristocracy*, iyo xukun dimuqraadi ah, *Democracy*, muddo aad u kooban gudeheed.

Waxay ahayd magaalo dhanka akhlaaqda iyo qiyamka hoos u dhac ku jirta, taas oo saameyn weyn ku yeelatay dhinac kasta oo nolosha dadka ah.

Socrates wuxuu ka horyimid hiyiraacnimadii xilligaas ka jirtay magaalada Athens isagoo dhaliil adag u soo jeediyay qolyihii la oran jiray *Sophists* xikmadleyda sida ay u qiima tireen yoolka iyo ujeeddada waxbarashada iyagoo ka dhigay mid laga macaasho balse aan ahayn mid ka shaqeysa xaqiiqada cilmiga in la gaaro. Sidaas awgeed, wuxuu si xoog leh uga horyimid is ku milanka ay is ku dhex-qasmeen khuraafaadii Giriigga, *Greek Mythology*, oo caqliga ka qaaday dadka Athens dagan, gaar ahaan aqoonyahanka, wadaadada iyo siyaasiyiinta kana indha-tirtay xaqiiqada dhabta ah ee nolosha iyo siyaasadii oo iyaduna noqotay meel dil, dhac iyo dood ma dhaleys ah ay ka awood badatay. Haddaba, xaaladaas aadka u xun iyadoo lagu jiro, iyo Athens oo noqotay meel aan akhlaaq iyo qiyam ka jirin, meel khuraafadii iyo aqoontii is ku qasmeen iyo meel aan siyaasad rabitaanka bulshada lagu shaqeynin oo rag qowleysato ah gacanta u gashay xaaladuna sidaas u xun tahay, ayuu Socrates is ku dayay in uu ku qaado kacdoon dhan walba ah oo lagu badbaadinayo mustaqbalka dadkiisa, dalkiisa iyo diintiisa. Sida Paul Kleinman isagoo si kooban uga hadlay xaaladda Athens ay ku sugneyd intii uu Socrates noolaa wuxuu yiri, "*While Socrates was alive, the sate of Athens began to decline. Having embarrassingly lost to Sparta in the Peloponnesian war, Athens had an identity crisis of sorts and became fixated on physical beauty, ideas of wealth, and romanticising the past.* "Intii uu noolaa Socrates, dowladii Athens waxay bilowday hoos u dhac. Iyadoo si fadeexad leh ugu jabtay dagaalkii *Peloponesian War ee* Sparta dhex-maray. Athens waxaa ku dhacay mushkilad xagga aqoonsiga ah wax aad mooddo waxayna kaga dhagtay muuqaalka quruxda iyo aragtida hantida iyo jamashada taariikhdii tagtay."

Socrates wuxuu soo jeediyay in laga guuro khuraafaadka loona guuro cilmiga *"From Mythos to Logos."* Aragtidan waxay oraneysaa, caqliga iyo jiritaanku wey is oggolyihiin, khuraafada caqligu diido wax jira ma aha, wixii jiritaanka bani'aadanka ka hor-imanaya wax jira ma aha. Sidoo kale, in laga guuro muranka ma dhaleyska ah ee ku dhisan khiyaanada iyo beenta *Sophistry* safsada iyadoo xal loo raadinayo af-miinshaarnimada dhaawaca ay u geysatay siyaasadda iyo dhismaha dowladnimada, taas oo meesha ka saartay akhlaaqda iyo qiyamka siyasaadda. Socrates wuxuu ku dooday, haddii labadaas dhibaato ee khuraafada iyo Safsada laga xoreeyo caqliga bulshada Giriigga in ay suuragal tahay in la gaaro aqoon iyo siyaasad dhiseysa dowlad akhlaaq iyo qiyam wanaagsan leh.

Tallaabadaas uu qaaday Socrates waxay u abuurtay cadow farabadan, waxay ka hor-keentay raggii awoodda magaalada Athens gacanta ku hayay oo u arkay in uu khatar ku yahay jiritaankooda. Socrates waxaa loo taxaabay xabsiga isagoo lagu soo eedeeyay, 1. in uu ka hor-yimid diinta-dowladda iyo ilaahayadii faraha badnaa ee markaas dalka Giriigga laga caabudi jiray. 2. In uu dadka ugu yeeray in Alle kaligii la caabudo, maadama Socrates uu ahaa muwaxid *Monist* oo ah aragtida jiritaanka ilaah qura oo dunida dhammaanteed abuuray. 3. Iyo in uu dhalinyarada magaalda Athens marinhabaabiyay oo wadadii la rabay ka weeciyay *Corrupting the Youth of Athens*. Intaas ka dib Socrates waxaa la saaray maxkamad taas oo si caddaaladda ka fog ugu xukuntay dil, kadibna sidaas ayaa lagu daldalay taariikhdu markay ahayd 399 BC da'diisuna waxay ahayd 70 jir, wuxuuna ka tagay 3 carruur iyo xaas. Socrates wuxuu caan ku ahaa isticmaalka wadiiqo cilmiyeed iyadoo kale aan horay loo aqoon marka ay timaaddo dood wanaagga. Wadiiqadaas waxaa la oran jiray wadiiqada Socrats *Socratic Method* waxay isugu jirtaa muran *Dialectic* aragtiyo iyo su'aalo is ka soo horjeeda iyo tan kale oo ah umulin *Midwifery* runta ama xaqiiqada in qofka kula doodaya afkiisa laga dhaliyo, sidaasna xaqiiqada dhabta ah lagu gaaro. Sidaas ayuuna Socrates ku noqday abaahii falsafadda iyo asaasihii cilmigaas qiimaha badan ee soo saaray caqliyadii adduunka soo maray kuwoodii ugu waaweynaa abid.

2.5 Caddaaladdu Waa Akhlaaq

Sida ay ku doodeen falaasifada qaar ka mid ah, waliba kuwooda ku takhasusay falsafadda Plato uu ku qoray buuggiisa jamhuuriyadda *The Republic* in dulucda iyo nuxurka gabi ahaan buugu ka hadlayo uu yahay baadi-goobka caddaaladda. Socrates qiimaha uu siiyay caddaaladda waxay daliil cad u tahay in caddaalad la'aanteed aysan jirin wax hagaagaya. Sidaas darteed, doodda ugu horreysa waxay ku bilaabaneysaa su'aasha ah, waa maxay caddaalad? haddii caddaaladu ay tahay mid ka mid ah akhlaaqda, waliba tan ugu weyn qiyamka insaanka, maxay noqoneysaa micno ahaan marka la qeexo? Waxaa jawaabta hadalka qaatay nin oday ah oo magaciisa la yiraahdo Cephalus oo yiri, *"Justice involves nothing more than telling the truth and repaying one's debts"* "Cadaaladu ma aha wax ka badan in runta la sheego, deyntana is ka bixiso." Socrates ku ma qancin jawaabta, maxaa yeelay ma wada koobeyso qeexidda guud ee ereyga caddaalad, balse qeyb kali ah ayey khuseysaa jawaabtaas kooban ee ah runta, ammaanada iyo qaanbaxa, sida in deynta qofka kugu aamminay aad u celiso xaqiisa. Waxaa hadalka qaatay nin kale oo doodda ku jiray magaciisana la yiraahdo Polemarchus oo yiri, caddaaladu waa, *"That it is just to render every man his due"* "Qof walba xaqiisa la siiyo" Jawaabtan oo ah mid aan tii hore ka fogeyn, iyaduna Socrates ku ma qancin wuxuuna sii waday sharraxaadda isagoo tilmaamay in caddaaladu aysan ahayn mid ku kooban deyn iyo wax kala qaadasho kali ah balse ay sidoo kale tahay in qofka la wanaajiyo xumaantana laga dhowro. Isagoo arrinan tibaaxaya wuxuu Socrates yiri, *"What one owes to another is to do him good, not harm"* "Xaqa qofka uu ku leeyahay kan kale waa in uu wanaajo oo aanu wax u dhimin." Simonides ayaa doodii wax ka yare baddalay isagoo yiri caddaaladu waa *Helping our friends and harming our enemies* Saaxiibadaa in aad caawiso, cadawgaagana dhibaateyso. Socrates markuu intaas maqlay wuu la yaabay wuxuuna ku eedeeyay in ereyo maldahan uu ku hoos qarinayo micnaha qodobka doodda. Isagoo arrinaas iftiiminaya wuxuu yiri, "*It seems, then, that Simonides was using words with a hidden meaning, as poets will.*" "Waxay u muuqataa in markaa Simonides uu adeegsaday ereyo micnohoodu qarsoonyahay sida gabayaaga." Su'aal haddii aan ku weydiiyo, qof cadaawad ay idinka dhaxeyso ma u caddaalad fali lahayd mise waad dulmin lahayd?

Intaas ka dib doodda waxaa ku soo biiray Thrasymachus oo intii hore oo ay dooddu socotay aammusnaa wuxuuna caddaaladda ku qeexay sidan, "*What I say is that 'just' or 'right' means nothing but what is to the interest of the stronger party.* "Waxaan oran lahaa in caddaaladda ama xaqu aanu ahayn wax ka badan danta ruuxa xoogga badan." haddii si kale loo dhigo, waa waxa keenay fikirka oranaya, "*Might Makes Right*" waa halka maahmaahda Soomaalidu ay ka dhahdo, "*Ninkii Reeyaa Reerka u Hara.*" Socrates wuu diiday qeexidaas wuxuuna u arkay in ay tahay qanuunka duurjoogta kaas oo aan ku habbooneyn nolosha bani'aadanka. Balse doodu intaas ku ma ekaan ee wey sii socotay waxaana la qiray in caddaaladu tahay wax ka ballaaran in ereyo kooban lagu qeexo, balse ay u baahan tahay ku dhaqan iyo ficil ahaan in ay uga muuqato qofka, bulshada iyo dowladda intaba. Tiiyoo ayna ku filnayn in ammaanta caddaaladda lagu xeeldheeraado iyadoo aan ku dhaqankeeda iyo is ku abaalmarinteedu nolol maalameedka qofka, bulshada iyo dowladu ka muuqanin. Intaas kadib, Socrates doodda intaas wuu ka sii ballaariyay wuxuuna gaarsiiyay in caddaaladdu tahay wax u fiican caafimaadka qofka caadilka ah ruuxdiisa, halka dulmigu cudur u keeno ruuxda qofka daalimka ah. Gabagabadii qeybtan waxay dooddu ku soo dhamaatay sidan;

Socrates; *And did we not agree that the virtue of the soul is justice, and injustice its defect?*
Socrates; Sow is ku meynaan waafaqin in akhlaaqda ruuxdu tahay caddaalada, caddaalad-darraduna tahay nuqsaan/cudur?
Thrasymachus; *We did.* Thrasymachus; Waan is ku waafaqnay.
Socrates; *So it follows that a just soul, or in other words a just man, wil live well; the unjust will not*
Socrates; Haddaba, waxaa intaas raaca in ruuxda caadilka ah, ama haddii si kale loo dhigo qofka caadilka ah wuxuu ku nooladaa nolo fiican, halka qofka caadilka aan ahayn aanu ka ahayn.
Thrasymachus; *Apparently. according to your argument.*
Thrasymachus; Waa sida ay u muuqato marka la eego dooddaada.
Socrates; *But living well involves well-being and happiness.* Socrates; laakiin nolol fiican waxay ku xiran tahay barwaaqo iyo farxad.
Thrasymachus; *Naturally.* Thrasymachus; Sida dabiiciga ah.
Socrates; *Then only the just man is happy; injustice will involve unhappiness.*
Socrates; Kadib, kali ah ninka caadilka ah ayaa ah mid faraxsan, caddaalad-darraduna waxay xiriir la leedahay farxad-la'aanta.
Thrasymachus; Be it so.
Thrasymachus; Waa sida ay tahay.

Socrates ruuxda bani'aadanka wuxuu u qeybiyay seddex heer oo kala ah, caqali, cudud iyo calool ama damac. Sidaas awgeed, caddaaladu waxay ku jirtaa is ku dheellitirka seddexdan walxaad. Haddaba marka si nidaamsan oo mideysan la isugu dheelli-tiro sida miisaanka labadiisa kafadood marka ay simanyihiin oo kale ayuu tusaale uga dhigay qaabka dunidu u abuuran tahay oo kale oo ah. caddaaladda sida qaab dhismeedka dunidu u abuuran tahay oo leh nidaam is ku jaan-go'an, dheellitiran mideysan oo loogu yeeri karo duni caddaalad ah. Sidoo kale haddii dowladu ay leedahay qaab dhismeedkan aan sheegnay iyadana waxaa la dhihi karaa waa dowlad caadil ah *Just State*, haddii sidoo kale ay tahay bulsho caadil ah looguyeeri karo *Just Society*. Haddii qofku leeyahay ruux si isku jaan-go'an u nidaamsan oo isku dheelli-tiran, waxaad oran kartaa waa qof caadil ah *Just Person*.

Socrates wuxuu sheegay in bani'aadanku ka koobanyahay jir iyo ruux, caqliguna uu ku jiro madaxa, cududuna ama tamartu ay ku jirto xabadka, damacuna uu ku jiro caloosha. Mid kasta oo seddexdan ka mid ah wuxuu leeyahay yool ama hadaf loo abuuray iyo shaqo uu ku fiican yahay. Hadafka caqligu waa in uu gaaro hanashada xikmad, hadafka cududda ama tamarta qofku waa in uu yeesho geesinimo iyo karti dhiirranaansho leh, hadafka calooshuna waa in aad cunto caafimaadka u fiican oo dheelli-tiran jirka ku quudiso. Waana halkan meesha uu Socrates ka bilaabay aragtidiisa ku saabsan akhlaaqda iyo qiaymka bani'aadanka. Wuxuu ka soo dhex-saaray qaabka *Human Psychology* cilmu-nafsiga bani'aadanku u shaqeeyo afar sifo oo asaasi ah marka laga hadlayo akhlaaq iyo qioyam, waxayna kala yihiin;

1. Cadaalad   Justice
2. Xikmad   Wisdom
3. Geesinimo   Courage
4. Is-xakameyn   Temperance

Cadaaladu waa asaaska jiritaanka, xikmaduna waa quruxda caqliga, geesinimaduna waa xorriyadda bani'aadanka, is-xakameytuna waa sharafta iyo karaamada bani'aadanka. Doodda ugu adag waxay timid markii la is-weydiiyay su'aasha ah, 4-tan sifo akhlaaq ma wax lagu dhashaa mise waa la baran karaa, mise si kale oo lagu heli karo ayaa jirta? Doodda Protagoras, Euthyphro iyo Meno waxay ku saabsan tahay su'aashaas jawaabteeda, biyadhaca doodduna waxay ku soo uruurtay in akhlaaqda iyo qiyamku ay yihiin wax la barto oo lagu dhaqmo balse aan la kala dhaxlin, in kastoo caqliga iyo garaadka ay carruurtu waalidkood ka dhaxlaan balse akhlaaqda iyo qiyamka waa wax ku dhaqan u baahan oo qofka ficilkiisa ka muuqda, mana aha wax la kala dhaxli karo ee waa wax ikhtiyaarka qofka iyo rabitaankiisa ku xiran. *Free Will*.

2.6 Is-burrinta Doodda Meno

Doodda Socrates iyo Meno waa dood aad u xiiso badan marka ay timaaddo aqoonta si guud iyo tan akhlaaqda si gaar ahaan. Su'aasha dooddu waxay ku bilaabatay markii Meno uu Socrates weydiiyay aklaaqdu ma wax la bartaa mise lagu dhaqmo, mise labada midna ma aha ee waa lagu dhashaa, mise si kalaa lagu helaa? Socrates wuxuu ku jawaabay in aanu wax aqoon ah u lahayn akhlaaq in lagu dhasho, la baran karo iyo in kale uu waxaas oo dhan jaahil ka yahay. Is kaba daa in aanu aqoonine uu aamminsanyahay in aanu waligii la kulmin qof yaqaanna akhlaaq waxa ay tahay. Meno wuxuu is ku dayay in uu ka jawaabo akhlaaq waxa ay tahay isagoo keenay tusaalayaal badan, balse Socrates ku ma qancin jawaabaha Meno isagoo u sheegay in uu doonayo micnaha ereyga akhlaaq qeexid guud ka bixinaya *Universal Definition of Virtue*.

Meno markan wuu wareeray, wuxuuna ku yiri Socrates, haddii aadan aqoonin waxa aad raadineyso wey adagtahay sida aad ku hesho, haddiise aad taqaan waxa aad raadineyso loo ma baahna su'aal. Sidaas awgeed, su'aalaha dhammaantood waa mustaxiil ama waa wax aan loo baahneyn. Is-burrinta doodda Meno ama *Meno's Paradox* waxay shaki galisay in qofka bani'aadanka ah wax ku cusub uu baran karo iyo in kale. Balse Socrates wuxuu doodda ka eegay xagal cusub, isagoo sheegay in nafta bani'aadanka inta ayna jirka galin ay ku nooleyd meel kale oo ay leedahay aqoon u baahan in la xusuusiyo si looga soo saaro wixii ay hilmaantay. Socrates wuxuu tusaale u soo qaatay wiil yar oo Meno addoon u ahaa oo aan lahayn wax aqoon ah meeshana joogay in uu weydiiyo xarriiq xaglo siman cabbirkeedu inta uu yahay, Wiilkii wuu sheegay. Socrates sidii uu su'aasha wiilka yar u weydiinayay wiilkuna uga jawaabayay ayuu maskaxda wiilka yar ka soo saaray aragtida xisaabta ee *Pythagoras Thorum oo* dhammaystiran. Dooddan cutubka soo socda ee ku saabsan aragtida cilmiga *Epistemology* ayaa si faahfaahsan ugu soo bandhigi doonaa.

Waxaa jirta sheeko-xariir Soomaali oo u eg is burinta Meno oo kale, waxay sheekadu leedahay. Nin culimo u eg ayaa magaalo u soo martiyay habeen Jimco soo galayo, markaas ayaa dadkii magaalada daganaa ka codsadeen in uu khudbada jimcaha ka akhriya masjidka magaalada isaguna wuu aqbalay. Markii la gaaray wakhtigii khudbada ayuu minbarka istaagay oo ku yiri dadkii, ma garaneysaan waxa aan idiin sheegi doono maanta? markaas ayey ku yiraahdeen haa, wuxuu ku yiri, haddii aad garaneysaan waxa aan idiin sheegi doono wax micno ah ma leh inaan waxaad garaneysaan idiinku soo celiyo ee salaadda aqima. Dadkii arrinkaas waa u cuntami weyday waxayna ku tashadeen in sheekha mar kale laga codsado in uu khudbada jimcaha soo socda akhriyo, wuuna ka ogalaaday. Markii la gaaray wakhtiigii khudbada ayuu minbar soo istaagay, wuxuuna weydiiyay ma garaneysaa waxa aan idiin sheegi doona maanta? waxay ku jawaabeen maya, wuxuu ku yiri, wax aydaan garaneyn inaan idinkala hadlo micno ma sameyneyso ee salaadda inoo aqima. Dadkii wey xanaaqeen waxayna ku heshiiyeen in mar seddexaad sheekha laga codsado jimcaha soo socda inuu khudbada akhriyo, wuuna ka aqbalay. Balse markan waxay ku heshiiyeen in ay labo koox isu qeybiyaan oo markii uu weydiiyo su'aasha ah ma garaneysaan waxa aan sheegi doono in qolo ay tiraahdo haa kuwa kalana maya. Xilligii khudbada ayaa la gaaray, sheekhii minbar ayuu soo istaagay wuxuuna weydiiyay, ma garaneysaa waxa aan sheegi doono? Qolo waxay tiri haa kuwii kalana maya, sheekhiina wuxuu ku yiri, kuwiina yaqaanna ha u sheegaan kuwa aan aqoon, sidaas ayuuna magaaladii kaga tagay isaga oo aan waxba u sheegin dadkii masaajidka joogay!

2.7 Euthyphro; Laba Daran Mid Dooro?

Doodda Euthyphro iyo Socrates waxay ku saabsan tahay Alle ka cabsiga *Piety*, dambiga *Impiety* iyo muqaddaska *Holiness*. Dooddani waxay bilaabatay ka dib markii ay ku kulmeen maxkamadda, Socrates ayaa weydiiyay Euthyphro maxaa halkan ku keenay? wuxuuna ku jawaabay aabahay baan dacwad dil ah ku soo oogay. Qisadan waxay dhacday markii laba nin oo aabbihii shaqaale u ahaa uu midkood dilay kan kale, kadibna Euthyphro aabbihii uu gacan ku dhiiglihii geed meel cidla' ah ku yaalla intuu ku xiray dhawr maalmood meesha uga tagay, kadibna ninkii uu sidaas ku dhintay. Intaas ka dib Socrates ayaa weydiiyay Euthyphro, sidey ku dhacday in aad aabahaa maxkamad geyso? isagoo raba in uu ogaado waxa ku riixayay ficilkan Alle ka cabsiga iyo akhlaaqda xambaarsan. Euthyphro ayaa ku jawaabay in uu dadka kale uga soocanyahay ugana fiicanyahay aqoonta ku saabsan Alle ka cabsiga iyo muqadaska *Piety and Holiness*!

Socrates wuxuu weydiiyay Euthyphro haddii aad tahay nin waxaas oo aqoon ah u leh akhlaaqda waxaan ku weydiin lahaa, waa maxay Alle ka cabsiga iyo macsida? Euthyphro wuxuu ku jawaabay, Alle ka cabsiga iyo akhlaaqdu waa waxa aan hadda anigu sameynayo oo ah in aan aabahay maxkamad geeyo haddii uu khalad sameeyo, in kastoo uu aabahay yahay haddana aan dulmi ku taageerin ee xaqa la taageero. Socrates wuxuu ku yiri, ku ma weydiinin tusaale iyo waxa aad sameysay balse waxaan ku weydiiyay qeexidda ereyga Alle ka cabsiga laftiisa waxa uu yahay. Tusaale ahaan, waa adigoo lagu weydiiyay waa maxay bani'aadan? Adiguna jawaabtaadu ay noqoto tirinta magacyo dad aad garaneyso sida hebel iyo hebel. Balse jawaabtii ahayd waa maxay bani'aadan si toos ah ugamaadan jawaabin. Socrates wuxuu weydiiyay Euthyphro, maxaa ficilka wanaagsan ka dhiga wanaagga uu yahay? In muddo ah markii dooddu socotay, Socrates-na uu is ku dayay in uu su'aasha u jilciyo Euthyphro isaguna uu si fiican u fahmo su'aasha. Intaa ka dib, wuxuu ku jawaabay, *"Well, what is beloved by the gods is pious, and what is not beloved by them is impious"* "Hagaag, wixii ilaahyadu jecelyihiin waa wax wanaagsan, wixii ayna jecleynna waa wax xun." Jawaabtaas waxaa ka timid mushkilad weyn maxaa yeelay ilaahyadii Giriiggii hore ay caabudi jireen waxay ahaayeen kuwo tirada ka batay oo aan wax ay is ku waafaqsanyihiin ayna jirin. Haddaba, haddii wax ilaahyadu ay wada jecelyihiin ayna jirin, sidee waxa ay ilaahyadu jecelyihiin u noqon karaan wanaag ama kheyr? Euthyphro siduu marba meel ugu dhacayay markii dambe Socrates wuxuu u soo jeediyay xal meel dhexe ah oo ah, ka warran haddii aan dhahno wixii dhammaan ilaahyadu wada jecelyihiin waa wax fiican, wixii ay wada necebyihiinna waa wax xun. Balse wixii ay isku khilaafaan waxay noqonayaan wax is ka dhexdhexaad ah oo aan fiicneyn aanan xumeyn.

Socrates wuxuu weydiiyay Euthyphro su'aal ah, Alle ma wuxuu jecelyahay wanaagga iyo kheyr sababtoo ah wanaagooda iyo kheyrkooda darteed, mise jacaylka Alle dartiis ayey ku noqdeen wanaag iyo kheyr? haddii si kale loo dhigo oo aan tusaale u soo qaato runta, ma wax sideeda u fiican baa markaas ayuu Alle jeclaaday runta, mise jacaylka Alle ayey runtu ku noqotay wax wanaagsan? Socrates wuxuu isticmaalay waxa ay falaasifadu ugu yeeraan *Explanatory priority or what explains what*, mudnaanta sharraxaadda waxa laga hadlayo. Fikradaha kala duwan ee akhlaaqda iyo qiyamka waxay ku dul-wareegayaan su'aashan oraneysa, *Does the Virtuousness explain the love of the gods, or does the love of the gods explain the virtuousness?* Ma wanaagga laftiisaa sharraxaya jacaylka ilaahyada, mise jacaylka ilaahyada ayaa sharraxaya wanaagga laftiisa? Markii ugu dambeysay dooddda waxay is ku waafaqeen in wanaagga sheygu wanaagsanyahay darteed ay ilaahyadu u jecelyihiin, in kastoo haddana jawaabtaasi isla markiiba ay ka timid mushkilad kale oo oraneysa, haddii wanaagu yahay mid ka madaxbannaan jacaylka ilaahyada, ilaahyaduna ku jeclaadeen wanaaggiisa darteed, jacaylkaasi sharraxaad ka ma bixinayo sababsta uu wanaagu u wanaagsan yahay, maxaa yeelay markiisii hore ayuu wanaagu ahaa mid wanaagasan jacaylaka ilaahyada ka hor!

Socrates wuxuu Euthyphro ku eedeeyay in uu is ka daba-wareegayo dooddiina wali meeshii ay ka bilibaatay joogto oo aan wax horumar ah la sameynin. Socrates markale ayuu xasuusiyay su'aasha isagoo ku yiri, waxaan rabaa in aan ogaado asalka wanaagga laftiisa waxa uu yahay. Socrates wuxuu ku yiri Euthyphro, markii aan kulmeynay waxaad ii ballanqaaday in aad i baridoonto cilmiga akhlaaqda, Alle ka cabsiga iyo macsida si aan dacwada la igu soo oogay isaga difaaco, balse waxay u muuqataa in rajadii aan kaa qabay aan ku hungoobay wax aad i bartayna aaney jirin. Dooddan oo ay falaasifadu ku magacaabaan Euthyphro; Laba Daran Mid Dooro *Euthyphro Dilemma* waxay ku saabsan tahay aragtida oraneyasa kheyrka iyo sharta, wanaagga iyo xumuha waa amarka Alle *Divine Command Theory* oo ah qeyb ka mid ah aragtiyada falsafadda akhlaaqda. Inta aan u galin Aristotle iyo aragtidiisa akhlaaqda waxaan doorbiday in aan wax ka iraahdo aragtida Muctizilada iyo Ashaacirada ee ku saabsan kheyrka iyo sharta, wanaagga iyo xumaha *Al-salaaxi Wal aslax, Wal Xusni Wal Qubxi*, iyadoo halka culimada kalaamka aragtidan ay ka soo qaateen ay tahay falsafadda Giriigga oo ah doodda akhlaaqda iyo qiyamka meesha loola noqonayo halka ay tahay. In kastoo ay ballaariyeen haddana raadkeedu meesha uu ka yimid waa doodihii *Euthyphro Dilemma and Meno's Paradox.*

2.8 Aragtida Akhlaaqda ee Muctazilada iyo Ashaacirada

Muctazilada iyo Ashaaciradu waxay ka mid ahaayeen kooxihii Islaamka kuwoodii ugu horreeyay ee cilmul kalaamka iyo falsafadda wax ka qoray iyagoo aragtiyo kala duwan ku soo kordhiyay falsafadda akhlaaqda iyo qiyamka Islaamka. Marka la eego doodda ku saabsan wanaagga iyo xumaha *Alxusnu Wal Qubxu* waxay u kala qeybiyeen seddex qeybood oo kala ah; 1. Wanaagga ama xumaha keena dhammaystiran iyo nuqsaan. Tusaale cilmigu waa dhammaystiran, jahliguna waa nuqsaan, waxayna is ku waafaqsanyihiin culimadu in masaa'ishaas caqliga lagu ogaan karo. 2. Waxaa wanaag ah wixii qaab sameyska jirka bani'adanka munaasab ku ah, tusaale haddii xalwad aad cunto waxaad dareemeysaa ka helitaan dhanka dhadhanka ah *Mulaa'amatu Al-dabci*, waxaa kaloo la mid ah waxa udgoon, waxa qurxoon, codka dhagaha u roon i.w.m. Waxaas oo idil wey wanaagsan yihiin. Balse dhanka kale wixii jirku dhibsanayo sida waxa kharaar oo kale, waxa qarmuunka badan waxa jirku diido *Munaafaratu Al-dabci* iyaduna waa wax xun oo *qabiix ah*. 3. Ficilka uu ka waajibayo amar ama reebis kaas oo qofku ku muteysanayo ammaan ama canaan adduunyo iyo ciqaab aakhiro, iyadoo sida kali ah ee lagu ogaan karo ay tahay waxyiga Qur'aanka iyo Sunnada, rayigaas waxaa qaba Ahlu Sunna, laakiin Muctaziladu iyagu sidaas ma qabaan.

Muctaziladu waxay qabaan in ficilka ama sheygu uu leeyahay wanaag ama xumo caqliga lagu fahmi karo iyadoon waxyi ama *nas* sharci ah loo baahanin. Tusaale caddaaladdu sideeda ayey u tahay wax wanaagsan dulmiguna sidiisa ayuu u yahay wax xun. Runtu sideeda ayey u tahay wax wanaagsan beentuna wax xun.

Ammaanadu sideeda ayey u tahay wax wanaagsan khiyaanaduna u tahay wax xun. Intaas ku ma ekaan ee waxay ku sii dareen in caqliga lagu gaari karo xaqiiqada jiritaanka Alle (SC) iyagoo daliishanaya qisadii Nabi Ibraahim oo tusaale fiican u ah in caqliga suuban iyo fidrada saliimka ah uu qofku ku gaari karo iimaan iyo yaqiin dhab ah iyadoon waxyi iyo Nabi toona la soo dirin. Fikradan culimada Muctaziladu waa la gooni in caqliga wax walba lagu ogaan karo. Balse Ahlu Sunadu intooda badan wey ku khilaafsanyihiin arrinkaas, in kastoo culimada Ashaaricadu arrinkaas mid ka soo horjeedda ay qabaan iyagoo ku dooday in samaha iyo xumaha ay shareecadu inoo kala caddeysay oo wixii shareecadu ay wanaag u taqaan uu caqliguna ku waafaqo, wixii shareeacadu u taqaan xumo uu caqligu sidaas ku waafaqo iyaga oo aan is diidin is kuna khilaafin asalka wanaagga iyo xumaha.

Aragtida Ahlu Sunnada waa mid u dhaxeysa labadan ra'yi ee aan kor ku xusay. Alhu Sunadu ma diidin in caqligu leeyahay awood uu ku kala saari karo wanaagga iyo xumaha asalka u ah ficilka iyo sheyga. Tusaale dulmigu in uu yahay wax xun waa wax caqligu garan karo, balse xaaraan in uu yahay oo ay canaan adduun iyo ciqaab aakhiri ka dhalaneyso shareecada oo kali ah ayaa sheegi karta. Balse caqliga oo qura lagu ma gaari karo mas'alada xalaasha, xaaraanta, ciqaabta iyo abaalmarinta. Aragtida kale ee muhiimka ah oo ay Ahlu Sunadu qabaan waxay leedhay, haddii bani'aadanka caqligoodu ku filanyahay Alle u ma soo direen rusul iyo kutub xambaartsan fariimo lagu hagayo oo lagu kobcinayo garaadka bani'aadanka. Sidaas darteed haddii qofka caqligiisu ku filanyahay ma jiri lahayn wax la yiraahdo *Ahlu Fatra* oo ah dadka aan wali rasuul loo soo dirin kuwaas oo Alle uu ballan qaaday in aan la cadaabeyn aakhiro. Gunaanadkii doodda Muctazilada iyo Ashaacirada ee falsafadda akhlaaqda waxay nuxurkeedu tahay in la is ku khilaafsanyahay meesha loo celinayo asalka akhlaaqda, caqliga mise Alle (SC). Waxaa jira aragti Muctaziladu qabto oo ah, aragtida wanaagga iyo tan ugu wanaagsan (الصلاح والاصلح) waxayna oraneysaa, Alle (SC) wuxuu adoomadiisa u dooraa wanaagga wuxuuna ka ilaaliyaa dhibta, haddiise ay noqoto in arrin wanaagsan iyo mid kasii wanaagsan loo kala dooro, wuxuu Alle (SC) u dooraa adoomadiisa midda ugu wanaagsan *Al-aslax*. Maxaa yeelay caddaaladda Alle (SC) ayaa ku dhisan in adoomadiisa uu wanaagga u dooro dhibtana ka dhawro.

2.9 Aragtida Akhlaaqda ee Aristotle

Marka laga hadlayo falsafadda akhlaaqda iyo qiyamka Aristotle waa feylasoofka bilaabaay in si nidaamsan oo seynis ah loo daraaseeyo falsafadda akhlaaqda *Virtue Ethics*. Buugga akhlaaqda ee *Nicomachean Ethics* Aristotle wuxuu aqoonta u qeybiyay seddex qeybood oo kala ah; 1. Aqoonta wax soo saarka sida beeraha, dhismaha iyo suugaanta. 2. Cilmiga camalka iyo ku dhaqanka u baahan sida siyaasadda iyo akhlaaqda. 3. Cilmiga aragtida ku saabsan sida xisaabta, culuunta dabiiciga ah iyo cilmiga caqiidada *Metaphysics*. Buugga akhlaaqda Aristotle wuxuu taabanayaa qodobo ay ka mid yihiin xumaha iyo samaha, caddaaladda, saaxiibtinimada, kartida, raaxada iyo farxadda. Arrimahan qaabka uu u soo bandhigay iyo sida ay ula jaanqaadayaan casrigan waxaad mooddaa in cilmu-nafsiga akhlaaqda ee bani'aadanka aanu wax badan is ka baddalin laga soo bilaabi Aristotle wakhtigii uu noolaa ilaa xilligan aynu joogno.

Falsafadda akhlaaqda *Science of Ethics* sida Aristotle uu ku magacaabay waa cilmi baaraya sida laga rabo in qofku ula dhaqmo naftiisa iyo bani'aadanka intiisa kale. Ereyga akhlaaq oo afka Giriigga ku ah *Ethika* wuxuu xoogga saarayaa shakhsiyadda qofka iyo dhaqankiisa *Character*, iyadoo dhanka kale qiyam *Virtue* ay iyaduna la micno tahay heersare *Excellence* marka la'isu geeyo waxay noqotaa akhlaaq sarreysa *Virtue Ethics*. Aristotle wuxuu tusaale u soo qaatay mindi afeysan oo shaqadii laga rabay ee loogu talagalay si fiican u qabatay loo dhihi karo waa mindi heer-sare ah *Excellent Knife* ayaa sidaa si la mid ah marka qofku naftiisa iyo dadka ula dhaqmo si wanaagsan wuxuu yeeshaa akhlaaq iyo shakhsiyad sarreysa *Excellent Character*. Su'aasha meeshan ka dhalaneysa waxay tahay, sidee lagu gaaraa shakhsiyad leh akhlaaq sare? Si haddaba Aristotle uu u aasaaso cilmi akhlaaq iyo shakhsiyad qiyam sare leh wuxuu sharraxaad ka bixiyay qaabka ay u sameysan tahay nafta bani'aadanka oo aad moodo in macallinkiisa Plato uu saameyn ku leeyahay aragtidiisan cilmu-nafsi, balse meelaha qaar marka aad ka eegto wuu ka duwanyahay, iyadoo dhanka kale falsafadda Aristotle ay tahay falsafad yool leh *Teleological Philosophy* oo xoogga saareysa hadafka sheyga iyo shaqadiisa munaasibka ah.

Aristotle nafta bani'aadanka wuxuu u qeybiyay seddex qeybood, 1. Nafta dhirta *Vegetative Soul*, waxay u nooshahay nafaqo oo hadafkeedu yahay in ay wax cunto si ay u korto una taranto, taasina waa yoolka noolaha dhirta, sida geedaha, cawska iyo khudaarta, balse hadafka nolosha bani'aadanku wuu ka duwanyahay midaas. 2. Nafta xoolaha *Sensitive Soul* oo iyaduna yoolkeedu yahay waxa ka imanya 5 dareemo iyo baahidooda iyo tan ugu dambeysa oo ah, 3. Nafta bani'aadanka *Rational Soul* oo ah naf caqli leh oo ka duwan noolaha intiisa kale. Sidaas darted wanaagga qofka shakhsiyadiisa iyo akhlaaqdiisu waxay ku jirtaa marka sidii loogu talagalay oo dhammaystiran uu u noolaado, waana nolol u qalanta qofka bani'aadan ah ee caqliga leh. Haddaba, si taas loo gaaro waxaa qofka caqliga leh looga baahanyahay in uu si fiican uga fekero tallaabo kasta inta aanu qaadin waxa ka iman kara iyo marka ay timaaddo in uu kala doorto labo arrin iyo wax ka badan. Si haddaba ay u noqoto dhaqan ka mid ah akhlaaqda shakhsiga ah, waa in qofku uu ku celceliyo wanaagga iyo ka fiirsashada ficilka inta aadan falin. Soomaalidu waxay ku maahmaahdaa, "Intaadan falin ka fiirso." Aristotle sifo kasta oo wanaagsan oo uu ka hadlay qofku ku ma gaari karo hal mar oo kali ah ee waa in uu mar walba ku celceliyo inta uu kala qabsanayo ficilkaas kadibna ay dhaqan ka mid ah shakhsiyadiisa ka noqoneyso.

Aristotle wuxuu soo saaray miissan dahabi ah *Golden Means* kaas oo la saaro ficilka bani'aadanka si loo gaaro dheellitiran dhanka nolosha ah. Halkan waxaad mooddaa in uu sidii Socrates oo kale raadinayo qeexidda caddaaladda iyo is ku dheellitiranka abuurka dunida *Cosmic Justice*. Aristotle wuxuu tusaale u soo qaatay wax bixinta oo uu ku sheegay in haddii ay xadkeeda dhaafto ay is ku baddeleyso hanti ku ciyaarid iyo xoolo firdhin, haddii ay hoos uga dhacdo meeshii la rabayna ay is ku baddeleyso bakhiilnimo. Wanaagu wuxuu ku jiraa labadan xagjir ee xun oo ah hanti ku ciyaarista iyo bakhiilnimada oo marka dambe noqoneysa ka badbadis iyo nuqsaan, akhlaaqduna waxay ku jirtaa labadaas inta u dhaxeysa, markaas ayeyna shakhsiyadda qofka bani'aadanka ah dheellitirantaa oo ay gaartaa meeshii laga rabay dhanka akhlaaqda iyo qiyamka. Intaas ka dib Aristotle wuxuu ku tilmaamay hadafka ama yooka ka ma dambeysta ah ee nolosha aadanuhu in ay tahay hanashada farxad *Happiness* taas oo micnaha ka dambeeya uu yahay in qofku helo ujeeddo *Purpose* si uu uga dhabeeyo suuragalkiisa *His Potentiality* is la markaana horumariyo hab-dhaqankiisa akhlaaqda si uu u noqdo nuskhadda ama dabcaddii ugu wanaagsan ee dadnimadiisa, *To become the best version of yourself*.

Gabagabadii Aristotle wuxuu tilmaamay marka qofka laga helo astaamaha akhlaaqda iyo qiyamka in uu helayo waxa uu ku sheegay *Eudaimonia* oo ah koboc, horumar iyo guul joogto ah oo dagdag ah *Flourishing*. Intaas ka dib qofku wuxuu gaaraa nolol qanaaco leh oo hab dhaqankiisa iyo ficilkiisu wanaagsanyahay, iyadoo noloshiisuna wanaagsantahay. Waa nolol aan xanuun lahayn balse raaxo badan. Yoolka ka ma dambeysta ah ee nolosha ruuxa bani'aadanka ah waa in uu ku noolaado nolol naftiisu ay raali ka tahay oo farxad iyo wanaag badan leh. Haddii ay sidaas dhici weydo, Aristotle wuxuu inooga digayaa in nolosheennu ay noqon doonto mid xun oo xanuun fara badan leh, kadibna burbur iyo baaba' laga dhaxli doono.

Inta aan u galin aragtiyada iyo madaarista kale ee falsafadda akhlaaqda, waxaan cadeynayaa in iskuulada falsafadda ee kala ah, *Stoics, Sceptics, Cynics and Epicurean* in ay soo if-baxeen intii ka dambeysa Aristotle, iyadoo aragtida ay ka qabaan akhlaaqda iyo qiyamka aaney ka fogeyn aragtida Socrates, Plato iyo Aristotle. Sidaas awgeed, ku ma soo bandhigi-doono halkan aragtiyada akhlaaqda iyo fikradaha ay aamminsan yihiin.

2.10 Falsafadda Akhlaaqda ee Jeremy Bentham

We are morally required to do whatever produces the greatest total of pleasure mines pain. Waxaa la inaga rabaa akhlaaq ahaan in aan sameyno wax kasta oo ay ka dhalaneyso isu geyntooda farxadda ugu weyn oo laga jaray xanuun. "*Pleasure and freedom from pain are the only things desirable as ends*" "Raaxo ka maran xanuun waa yoolka kali ah ee mudan in la jeclaado"

Jeremy Bentham wuxuu ahaa feylasoof u dhashay dalka Ingiriis oo noolaa intii u dhaxeysay (1748-1832). Wuxuu ahaa feylasoofkii curiyay aragtida falsafadda akhlaaqda ee wax-tarka iyo tayada ficilka *Utilitarianism Moral Philosophy*. Bentham wuxuu ahaa feylasoof aragti is-beddeldoon ah xambaarsan is la markaana saameyn weyn ku lahaa jiilkii aqoonyahanka ahaa ee isaga ka dambeeyay. Wuxuu ahaa qoraa ka tagay buugag aad u fara badan oo ilaa xilligan wali ururintooda lagu mashquulsan yahay. Howshaas inta ay la'egtahay baaxadeedu waxay noqotay mashruuc dhan oo lagu magacaabo *Bentham Project* mashruucii Bentham. Sidoo kale, wuxuu ku dadaalay in is-beddel lagu sameeyo nidaamka qanuunka ee dalka Ingiriiska iyo in uu horumariyo mabaadi' iyo aragtiyo nidaaminaya oo hagaya go'aanada siyaasiga ah. Yoolkaas uu hiigsanayay dartiis ayuu Bentham soo saaray aragtida akhlaaqda ee tayada falka *Utilitarianism*, wuxuuna sidaas ku noqday aabbihii fikraddan.

Aragtida falsafadda akhlaaqda ee faa'iidada ficilka waa aragti ka hadleysa maxaa saxan maxaa khaldan si tallaaba kasta oo qofka, bulshada iyo hay'adaha dowladu ay qaadayaan loogu saleeyo natiijada falka iyo waxa ka dhalan kara iyo in wanaagga ficilku uu ka badanyahay dhibta ka iman karta marka la is barbardhigo. Qodobada ugu muhiimsan ee aragtidan waxaa ka mid ah, mabda'a wax-tarka ficilka keenaya farxadda nolosha guud ahaan *Utility of the greatest happiness*. Bentham wuxuu ula jeedaa ereyga *Utility* farxad, reynreyn iyo hodantinimo oo ah yoolka ka ma dambeysta ah ee qofkasta nolosha ka leeyahay. Aragtidan waxay hageysa ficilka bani'aadanku qaadayo in ay ka dhalato ama ay keento farxadda ugu badan oo dadka oo idil wada gaarta *The greatest happiness for the greatest number of people*. Haddaba, waxay su'aali ka iman kartaa, sidee lagu ogaan karaa ama lagu cabbirikaraa tallaabada keeni karta farxad iyo reynreyn?

Si haddaba looga jawaabo su'aashan, Bentham wuxuu soo saaray halbeeg uu u bixiyay cabbirka farxadda *The Felicity or hedonistic Calculus*. Halbeegan wuxuu si xisaab ah u cabbirayaa raaxada iyo xanuunka ficilka iyo sida ay qofka u saameysay, iyadoo sare loo qaadayo raaxada hoosna loo dhigayo xanuunka, taas oo ah waxa haga hadalka, ficilka iyo fekerka bani'aadanka. Fal kasta oo keenaya raaxo *Pleasure* ka badan xanuunka *Pain*, ficilkaasi aklhlaaq ahaan wuu saxanyahay, midka keenaya xanuun ka badan raaxada isaguna wuu xunyahay. Bentham wuxuu aamminsanaa in wax walba ay leeyihiin qaab loo cabbiro qofkuna uu la iman karo hab cilmi ah oo si nidaamsan loo xaqiijiyay oo lagu ogaan karo raaxo ama xanuun intee la'eg ayuu qofku ka helayaa iyadoo la barbardhigayo qof kale oo is la ficilka laftiisu wada saameeyay. Waxaa suuragal ah in marka la isu geeyo wadarta dadka oo dhan kadibna la eego qof walba khasaaraha iyo faa'iidada soo gaaray la ogaan karo meesha ay ku jirto maslaxada iyo danta guud, sidaasna lagu gaari karo yoolkii la rabay ee ahaa hanashada farxadda iyo raaxada ugu weyn oo dadka oo idil wada gaarta.

Qodobka kale ee muhiimka ah ee aragtida Bentham waa mabda'a natiijada ficilka *Consequentialism* oo oranaya, ficil walba waxaa lagu cabbiraa natiijadiisa iyadoo aan loo eegeyn niyadda ruuxa falka sameeyay. Bentham wuxuu qabaa in haddii ruuxa ficilka sameynaya uu leeyahay ujeeddo xun balse ficilkiisa natiijada ka dhalata ay tahay mid farxad leh, ficilkaasi akhlaaq ahaan wuu fiican yahay. Dhanka kale, haddii ruuxa ficilka sameynaya ula jeedadiisu ay tahay mid fiican balse natiijada ka dhalata ficilkiisu ay xun tahay oo ay xanuun fara badan keeneyso, ficilkaasi akhlaaq ahaan wuu xun yahay. Aragtidan falsafadda akhlaaqda ee faa'iidada ficilka ma eegeyso oo kali ah natiijada ficilka saameynta ay ku leedahay qofka balse waxay sidoo kale xoogga saartaa saameynta ay ku leedahay bulshada. Bulsho kastoo nidaam leh waxay leedahay hayado u taagan hirgalinta shuruucda iyo mabaadi'da u adeegaya kor u qaadista farxadda iyo raaxada bulshada iyo ka ilaalinta wixii xanuun iyo rafaad u keenaya bulshada si shakhsi ah iyo si guud intaba, iyadoo aanu jirin qof ka mudan qofka kale. Qof walba oo bulshada ka mid ah wuxuu leeyahay mudnaan iyo tixgalin la mid ah qofka kale. Gabagabadii, Bentham wuxuu soo kordhiyay hurmarna ku sameeyay aragtiyo badan oo la xiriira dhanka siyaasadda, bulshada, dhaqaalaha, qanuunka, diinta iyo xuquuqda xayawaanka.

2.11 Falsadda Akhlaaqda ee Immanuel Kant

Immanuel kant wuxuu ahaa feylasoof u dhashay dalka

Jarmalka oo noolaa intii u dhaxeysay (1724-1804). Aragtidiisa akhlaaqdu waxay oraneysaa, in bani'aadanku ay u dhaqmaan qaab ay ugu yeeraan akhlaaq iyagoo mararka qaarna ka dooda ficilka ay sameynayaan in uu yahay wanaag ama xumaan, shar ama kheyr. Doodda Kant ma aha akhlaaqdu ma wax jiraa mise ma aha, balse wuxuu soo bandhigay sidii loo fahmi lahaa xaqiiqadaas dhabta ah ee qof walba oo caqli leh uu maankiisa ku hayo. Su'aasha Kant uu is-weydiiyay waxay leedahay, sideen ku noqon karaa qof wanaagsan? Su'aashaan jawaabteeda iyo aragtida akhlaaqda ee Kant iyadoo faahfaahsan waxaan ku soo bandhigayaa doodan hoose.

Aragtida Kant waxaa loogu yeeraa *Deontology* oo asalkeedu kasoo jeedo luqada Griiga micneheeduna yahay *Duty* waajib oo ah waxa laga rabo ruuxa caaqilka ah in uu naftiisa iyo dadka kale si akhlaaq ku dheehan tahay ula dhaqmo. Kant wuxuu buuggiisa *Groundwork of the Metaphysics of Morals* uga dooday qaabka iyo asalka akjhlaaqdu meesha uu salka ku hayo. Ereyga *Categorical* wuxuu ula jeedaa shuruud la'aan, ereyga *Imperative* iyadana wuxuu ula jeedaa amar ama waajib mar walba qofka laga rabo, marka la'isu geeyo labadaas erey wuxuu ula jeeaa mabaadi' akhlaaqi ah oo mar walba, meel walba iyo qof walba waajib ku ah, isagoo arrinan ka hadlaya wuxuu yiri, "*Act only according to that maxim whereby you can at the same time will that it should become a universal law*" "u dhaqan caalaminimo si waafaqsan iyadoo isla markaana aad jeclaan lahayd in uu noqdo qanuun caalami ah." Falsafaddan akhlaaqdu waxay oraneysaa, marka aad tallaabo qaadeyso u feker sidii adigoo qanun la xiriira hab-dhaqanka qofka dajinaya oo kale. Tusaale, qof ayaa ballan ka qaaday ka dibna waad uga baxda ballantii sabab la'aan, waxaad dajisay qanun caalami ah oo dhahaya, ballanta oo laga baxo sabab la'aan akhlaaq ahaan waa wax wanaagsan oo aan xumaan ahayn, adiguna markaaga in lagaaga baxo ballanta sabab la'aan aad oggolaato. Su'aasha meesha imaneysa waxay tahay, diyaar ma u tahay in aad ku noolaato bulsho ama dowlad ballan ka baxa dhaqan wanaagsan looga arko?

Aragtida kale waa arinta la xiriirta niyad wanaagga *Good Will* oo ficilka aad sameyneyso waxa kali ah ee kugu dhiirri-galinaya in uu yahay wanaagga sheyga, balse aysan ahayn damac ah in lagu abaal mariyo iyo cabsi in lagu ciqaabo midna. Tusaale, imtixaanka jaamacadda inaad qishto si aad u baasto niyad ahaan ma wax fiican baa mise waa wax xun? Kant wuxuu ku dooday, marka qofku si niyad wanaagsan u fekereyo waxaa waajib ku ah in uu ficilkaas xun ka joogsado oo aanu ku dhaqaaqin, maxaa yeelay imtixaanka in la qisho waa ficil ka imanya niyad xumo ay ka dhalaneyso khatar ku soo fool leh nolosha bulshada maanta iyo berri. Su'aal, arday wata shahaado duuliyanimo oo imtixaankii jaamacada soo qishay diyaarad uu wado ma raaci lahayd? Sidoo kale dhakhtar isaguna qishay imtixaanka jaamacadda qalliin hakugu sameeyo ma yeeli lahayd? Kant wuxuu ku dooday in niyad waaggu uu yahay asaaska gudashada waajibka akhlaaqda iyo qiyamka, iyadoo qofka waxa uu sameynayo ayna ka ahayn halagu ammaano ama abaalmarin aad ka heshid, balse ay ka tahay gudasho waajib akhlaaqi ah, sidaasna uu ku helayo qanaaco nafsadiisa ah *Self Satisfaction*.

Aragtida kale iyadunna waxay sheegeysaa in qofka aan loo isticmaalin waddo lagu gaaro dan kale. Isagoo Kant muujinaya arrinan, wuxuu yiri, *"So act that you use humanity, whether in your own person or in the person of any other, always at the same time as an end, never merely as a means."* "Sidaa awgeed u la dhaqantaa bani'aadanka, ha ahaato naftaada iyo dadka kale si aan marnaba ahayn ku daneysi miiran si aad dantaada u gaarto, balse mar walba u la dhaqan si hadaf ah." Mabda'an wuxuu xambaarsanyahay fekrad ballaaran oo muhiim ah is la markaana u baahan in la is dul taago, si loo fahmo waxa uu u la jeedo Kant ereyga *Means and End* (ku daneysi iyo hadaf) iyo ereyga *Merely* (miiran ama kali ah). Kant wuxuu u arkaa bani'aadanku in uu leeyahay qiimo iyo karaamo asal ah oo aan xad iyo dhammad toona lahayn, is la markaana uu yahay noole caqli leh, qof walbana wuxuu awood u leeyahay in uu sameysto ujeeddo iyo hadaf isaga u garra ah. Marka aan dadka kale la dhaqmeyno waa in aan xusuusannaa in qof walba uu leeyahay rajo, riyo, hadaf iyo damac sida adigoo kale oo aadan dadka ka soo qaadin sidii qalab loo adeegsado fulinta qorshahaaga adiga gaarka kuu ah. Qiimaha qofka bani'aadanka ah wuxuu ka imanayaa ahaanshaha uu yahay ruux bani'aadan ah ee ka ma imaneyso adeesiga iyo wax ku oolnimada qof kale u isticmaalo si uu ugu fushado danihiisha. Ficil kasta oo ku lug-yeesha in qofka naftiisa ama qof kale uu u isticmaalo si ku daneysi ah iyadoon la ixtiraameyn sharafta qofka, ruuxaasi wuxuu jabinayaa qaanuun akhlaaqi ah iyo waajibkii saarnaa.

Kant ugu dambeyntii wuxuu ku dooday in dhammaan xumaha ka dhaca dunida ay masuul ka yihiin bani'aadanka, sida kali ah ee looga badbaadi karo mushkiladaasna ay tahay in qof walba uu aqbalo kuna dhaqmo qanuunka caalamiga ah ee akhlaaqda *Universal Moral Law*. Qaanuunkan akhlaaqda wuxuu sidoo kale qabanayaa dowladaha si loo yareeyo dagaallada iyo xadgudubka ka dhex dhaca dowladaha. Fikradda Kant waxaa hirgaliyay madaxweynihii Mareykanka xukumayay dagaalkii 1aad iyo ka dib ee Woodrow Wilson intii u dhaxeysay (1913-1921), isagoo inta aanu noqoqn madaxweyne ka hor ahaa macallin falsafadda ka dhiga jaamacada *Princeton* si qota-dheerna ay u saameysay falsafadda akhlaaqda caalamiga ah ee Kant. Tiiyoo Woodrow Wilson loogu yeero in uu ahaa aabbihii asaasay dowladaha isu tegay, *The League of Nation*, taariikhdu markii ay ahayd 1920. Falsafadda akhlaaqda ee Kant waxay meesha ka saareysaa doodaha aamminsan in akhlaaqdu ay tahay mid ku kooban aragti shakhsi, dhaqan, diin iyo dad kala duwan, iyadoo kala duwanaantaas aysan sabab u noqon karin in lagu kala aragti duwanaado mabaadi'da asaaska u ah xukunta akhlaaqda. Aragtiyada akhlaaqda ee Kant ku khilaafay fikirkiisa waxaa ka mid ah; *Nihilism* oo ku doodda in wax akhlaaq la yiraahdo aysan jirin, *Metaethics* oo iyaduna aan ka fogeyn *Nihilism, is--ought Problem* oo ah xaqiiqada iyo waajibku in ay kala duwan yihiin, waana aragtida uu ku dooday feylasoofkii Scottland u dhashay ee David Hume oo noolaa intii u dhaxeysay (1711-176), oo muujiyay farqiga u dhaxeeya waaqica iyo qiimeynta dhacdada *Fact and Value Gap*. Waxaa kaloo jira aragti iyaduna oraneysa, akhlaaqdu waa hadba qofka sida uu u arko ama ay la tahay *Moral Subjectivism* iyo mid kale oo iyaduna oraneysa, akhlaaqdu waa hadba dhinaca aad ka eegto *Moral Relativism*. Tusaale in la guursado 1 xaas iyo in ka badan, bulshooyinka qaar waa wax is ka caadi ah oo dhaqan ah, halka bulshooyinka qaarna ay tahay mid aan la oggoleyn. Qofkii doonaya macluumaad dheeri ah ha akhriyo buugga ay qortay Onora O'Neill *Acting On Principle; An Essay on Kantian Ethics,* buugga uu qoray Russ Shafer-Landau ee ciwaankiisu yahay, *The Fundamentals of Ethics*, iyo kan ugu dambeeya uu qoray John Deigh *An Introduction to Ethics*.

2.12 Falsafadda Akhlaaqda ee Abwaan Timcadde

Aragtida falsafadda akhlaaqda ee abwaan Timacadde waxay leedahay seddex lakab ama heer oo kala ah; dux, iimaan iyo caqli. Haddaba, haddii aan ku bilowno midka ugu horreeya ee ah dux. Abwanku wuxuu aamminsanyahay in bani'aadamku uu leeyahay dux, dhadhan iyo macaan u yeesha shakhsiyada qofka kana dhigta qof akhlaaq iyo qiyam wanaagsan leh, Ereyga Dux ama iidaan afka Soomaaliga waa wixii dufan leh sida subagga, saliidda iyo suugada oo loo adeegsado in raashinka marka uu qallalanyahay lagu darsado si loogu macaaneeyo oo qofka cunaya ugu raaxeysto cuntada uu cunayo. Sidaas si la mid ah marka qofku leeyahay dux, wuxuu noqdaa qof macaan oo wax lagu darsan karo iyadoo wanaagiisa aan laga dhargeyn lagana caajiseyn. Haddii marka dux laga waayo qofka wuxuu noqdaa qof ingagan, qallafsan, kharaar ah oo ka maran wax dhadhanka iyo macaanka bani'aadanimada ah. Su'aasha meesha imaneysa waxay tahay, dux ma wax lagu dhashaa mise waa lagu barbaaraa oo waa la kasban karaa?

Abwaan Timcadde wuxuu aamminsanyahay sida gabayga laga dhadhansan karo in duxda qofku ku dhasho, qofkuna yahay shakhsi dux leh marka uu dhalanayo. Aragtidan waxaa aamminsan feylasoofka Jarmalka ah ee Hegel oo qaba in bani'aadanku yahay noole akhlaaqi ah *Moral Being*. Labadan aragti ee Timcadde iyo Hegel waxay qabaan in qofka bani'aadanka ah uu yahay marka uu dhalanayo qof wanaagsan oo kheyr-qabe ah, lehna akhlaaq, qiyam iyo dux macaan. Sidoo kale, waxaa isaguna aragtida qaba feylasoofka magaciisa la yiraahdo Ibnu Khalduun oo ku dooday in bani'aadanku yahay noole akhlaaq iyo qiyam ku dhasha oo dun wanaagsan leh. Haddiise lagu barbaariyo dhaqanka colaadda, is-dilka iyo xukun kalitalis ah oo qofka ka dhiga in uu waayo waxa Ibnu Khalduun uu ugu yeeray macaanka bani'aadanimada *Maacaanii Al-insaaniyah*. Marka qofku waayo macaanka bani'aadanimada wuxuu noqdaa mid aan ku filleyn daryeelka iyo difaaca naftiisa. Intaas ka dib bulshadu waxay noqotaa mid dadka kale dawarsata oo dulsaar ku ah, waxay weydaa karaamada iyo xorriyadda, intaas ka dibna waxaa dhacda in si fudud loo gumeysto oo loo dulleysto dammiirkuna ka dhinto.

Qodobka labaad abwaan Timcadde wuxuu sheegay in qofka babi'aadanka ah uu leeyahay iimaan, halkan waxaad mooddaa in abwaanku, maadaama uu Soomaali Muslim ah yahay uu aamminsanyahay fidrada saliimka ah oo ah in nafta bani'aadanka ay Alleheed taqaanno. Aragtidan waxay falaasifada akhlaaqdu ku magacaabaan *Divine Command Theory* oo aan kaga soo hadalnay doodda *Euthyphro Dilemma*. Timcadde wuxuu qabaa doodda ah in iimaanku qofka dhaxalsiiyo akhlaaq iyo qiyam hagaajiya hab dhaqanka iyo dabeecadda ruuxa bani'aadanka ah. Marka qofka laga helo iimaan dhab ah wuxuu noqdaa caadil, runlow, aammin iyo isagoo ku sifooba astaamaha wanwanaagsan ee laga rabo qofka Soomaaliga Muslimka ah. Markii qofka laga helo qeybaha akhlaaqda iyo qiyamka wanaagsan oo idil, qofku wuxuu noqdaa tusaale ku dayasho muda xilli ay maanta dadka Soomaalida ah dhexdooda aad ugu yaraatay qof la is dhihi karo wuxuu mudanyahay in lagu daydo oo tusaale laga dhigto.

Qodobka sadexdaad ee ugu dambeeya waa caqliga oo uu abwaan Timacadde u arko in uu yahay midka bani'aadanku kaga sarreeyo xaywaanka intiisa kale, waana midka lagu karaameeyay in uu noqdo ruux xorriyad iyo masuuliyad halmar wada qaadi kara. Marka laga hadalayo falsafadda akhlaaqda, abwaan Timacadde wuxuu aamminsanyahay in caqligu kaalin weyn ku leeyahay kala saaridda wanaagga iyo xumaha, kheyrka iyo sharta. Tusaale qofka caqligiisa ayuu ku garan karaa in dulmigu xun yahay ama isaga ha la dulmo ama qof kale dulmigu ha ku dhoco, isagoo sidoo kale caqligiisa ku garan kara in caddaaladu tahay wax fiican. Qofka caqligiisa ayuu ku garan karaa in jahligu xunyahay, cilmiguna wanaagsanyahay iyada oo aan waxyi u sheegin. Shaqada caqliga qofku hayo waxaa ugu horreeya in uu naftiisa iyo waxa ay ka sameysan tahay yaqaanna si uu qof madaxbannaan u noqdo *Autonomous*. Ereygan asalkiisu wuxuu ka soo jeedaa afka Giriigga waana isu geyta laba erey oo kala ah *Autos* oo ah qofka naftiisa *Self* iyo *Nomos* oo ah sharci *Law*, marka la isu geeyana ah xakameynta nafta ama sharci u dajinta qofka naftiisa *Self-Regulation*.

Haddaba, , su'aasha is-weydiinta mudan waxay tahay; maxaa ka khaldan nafta oo loo xakameynayaa? Jawaabta abwaan Timacadde waxay tahay, nafta bani'aadanku waxay leedahay qeyb xayawaan iyo qeyb bani'aadan, qeybta xayawaanka waa caadifada iyo damaca sida, cuntada, galmada, daalka iyo cududa ama tamarta *Irrational Part*. Qeybta kale waa caqliga oo qabta howlaha sida, akhlaaqda, fekerka, cilmiga iyo ruuxaaniyaadka *Rational Part*. Marka caqligu shaqeynayo qofka ficilkiisa iyo qowlkiisu wey quruxbadanyihiin weyna miisaaman yihiin, sida uu dadka ula dhaqmana waa si xikmad iyo xilkasnimo ku dheehan tahay. Balse marka caqligu meesha ka baxo qofka waxaa hoggaamiya ama ka adkaata caadifada iyo caloosha *Emotion and Appetite* oo sida xoolaha oo kale ka dhigta iyo in uu raadiyo wax uu cuno, galmo ama wax intaaba kasii xun uu ku dhaqaaqo. Tusaale ma jiro libaax intuu subixii soo koco gumaad u geysta xoolaha kale isagoo awooddiisa iyo tamartiisa adeegsanaya, balse waxa dhacday in bani'aadanku sameeyay waxa xitaa xayawaanka kale aan ka suurtoobin. Caqliga haddii uu meesha ka boxo, qofku wuu ka liitaa xayawaanka intiisa kale. *"Bal inay dalfoof tahay caqli doonni laga saaray....."*

Gabagabadii aragtida falsafadda akhlaaqda ee abwaan Timacadde waxay inoo tilmaameysaa sida loogu baahanyahay in la garwaaqsado ku dhaqanka iyo hirgalinta aragti falsafad akhlaaq iyo mid qiyam oo bulshada Soomaaliyeed lagu ababiyo, iyadoo la barayo jiilalka nool iyo kuwa soo socda qiimaha ay leedahay falsafad akhlaaq Soomaaliyeed. Aragtidan waxay ku taagan tahay dhidibbo aad u adag marka la barbardhigo aragtiyada kale ee falsafadda akhlaaqda. Waxaa hal meel uu abwaanku isugu keenay; dux, iimaan iyo caqli si uu inoo tuso in bulshada Soomaaliyeed ay leedahay falsafad akhlaaq mid ka qota-dheer kuwa kale ee taariikhda jiritaanka bani'aadanka soo martay. Haddaba waa hawl bulshada Soomaaliyeed u taalla ka miradhalinta aragtida falsafadda akhlaaqda dhaxalgalka ah ee uu inooga tagay abwaan Timacadde.

CUTUBKA 3
FALSAFADDA AQOONTA

FALSAFADDA AQOONTA

Qofka bani'aadanka ah marka uu hurdada ka tooso waxa uu marka hore ka bilibaabaa in uu ogaado xaaladiisa wacyi ee dhanka baraarugga ah ka dib wuxuu is-weydiiyaa xageen joogaa iyo saacadu waa imisadii?. Saddexdaas arrimood ee kala ah; baraarug, meesha iyo wakhtiga waa nuxurka aragtida cilmiga *Epistemology* oo ay falaasifadu si adag uga doodeen in ku dhow 2,500 oo sano. Su'aalaha ugu waaweyn ee falaasifadu la lagdameen waxaa ka mid ah; Waa maxay aqoon? Sidee lagu helaa aqoon? Intee ayey gaarsiisan tahay aqoontaasi? Wixii ka horreeyay falsafadda Socrates *Pre-Socratic Philosophy* waxaa jira laba feylasoof oo aragida ay soo bandhigeen iyo sida ay is ku khilaafeen sabab u noqday in wixii iyaga ka dambeeyay ay xal u helaan aragtiyadii ay labadaas feylasoof is ku khilaafeen, waxayna kala yihiin Heraclitus oo dhashay sanadku markuu ahaa (535 BC) iyo Parmenides oo dhahsay taariikhdu markii ay ahayd (515 BC). Heraclitus waa feylasoofka ugu saameynta dheer ilaa xilligan aynu joogno isagoo weerar culus ku qaaday waxa markii dambe uu Aristotle ugu yeeray *The Basic Laws of Logic* mabaadida asaasiga ah ee mandiqa. In kastoo wakhtigii uu noolaa Heraclitus aan wali la unkun cilmiga mandiqa haddana aragtiisu waxay si cad uga hor imaneysaa qanuunka aqoonsiga iyo qaanuunka is burrin la'aanta *The law of identity and the law of noncontradiction*. Qanunka aqoonsigu wuxuu oranayaa, wax kasta oo jira wuxuu leeyahay abuur u khaas ah iyo wax lagu aqoonsado oo ka dhigaya waxa uu yahay wax kalana ma noqon karo, adigu waa adiga, qof kalana ma noqon kartid. Qanuunka is burrin la'aantuna wuxuu qabaa in aysan jirin wax mar qura wada noqon kara laba wax oo is ka soo horjeeda, xarafka A halmar A iyo wax kale ma wada noqon karo is ku xaalad iyo is ku wakhti is ku mida ah.

Innagoo arrinaas ka ambaqaadeyna maskaxdana ku hayna aan eegno doodda Heraclitus meesha ay salka ku hayso. Heraclitus wuxuu ku dooday in wax walba ay is-beddelayaan, wax meeshooda taaganna aysan jirin, is-beddelkuna uu khasbayo jiritaanka is burrinta iyo in sheygu uu mar qura wixii uu ahaa iyo wax kale wada noqon karo. Tusaale, waxaa lagu tusay sawir adiga oo markaas dhashay ah, iminka se waad kortay oo da'daadu waa 20 jir. Su'aal, wali ma adigiibaa mise waa qof kale? Waliba adigoo og in uu is-beddelay wax walba oo adiga ah, dhanka maskax iyo jirka labadiaba gabi ahaan waxaa kugu dhacay is-beddel. Waa isla adiga haddana adigii ma aha! Qaanuunka is-beddelka ee Heraclitus wuxuu oranayaa, wax walba oo is-beddela way sugan yihiin, wax walba oo suganna wey is-beddelaan, waxa kali ah ee sugan waa is-beddelka laftiisa. Caalamka kugu hareereysan waxaa ka buuxa wax is wada burrinaya *This world is full of contradictions*. Nuxurka xaqiiqada dhabta ah ee nolosha waxay ku qotontaa is-beddel wax walba ka dhigaya wixii uu ahaa wax ka duwan, waxa uu yahay iyo waxa uu ahaan doono iyaga oo is la wixii ah ayey haddana wax kale noqonayaan. *Everything is both what is and is not at the same time*!

Heraclitus falaasifadii isaga ka horreysa mid walba wuxuu lahaa aragti gaar ah oo ku saabsan sheyga dunidu ka sameysan tahay. Mid wuxuu rumeysnaa in dunidu ka sameysan tahay biyo, mid kalana hawo, dhoobo. Balse Heraclitus intaba wuu ku khilaafay wuxuuna rumeysnaa in qaanuunka is-beddelku uu xukumo wax walba iyo in wax walba is ku baddelayaan wax kale, *Nothing is, everything is "Becoming."* Wax meeshooda joogayaa ma jiraa xilli walba iyo meel walba, isaga oo arrinkan sharraxaad ka bixinaya wuxuu yiri, *"For into the same river no man can enter twice; ever it flows in and flows out"* "Qofina is la wabigii laba goor ma wada gali karo; xilli walba wuu dareerayaa." haddii si kale loo dhigo, markii aad wabiga biyihiisa gasho haddana ka soo baxdo, wax walba wey is-beddeleen, biyaha wabigu wey is-beddeleen, adiguna waad is badeshay, iyadoo biyuhu aanay biyihii hore ahayn, adiguna ma tihid adigii hore. Wax ahaansho la yiraahdo ma jiraa *There is no entity*, wax walba hawl baa ku socota *Everything is in Flux*, inta warka afkaagu aanu ka soo bixin wixii aad tilmaameysay mar hore ayey is-beddeleen. Sidaas awgeed Heraclitus dadku marka ay hadlayaan wuu la yaabi jiray jahliga ay ku suganyihiin sida uu u qoto dheer yahay, wuxuuna doorbidi jiray in uu is ka aammuso.

Marka laga hadlayo falsafadda aqoonta ee Heraclitus wuxuu ku dooday in dareemayaasha bani'aadanka ee araga, maqalka, urka, dhadhanka iyo taabashadu ay yihiin kuwo aan lagu kalsoonaan karin oo been kuu sheegaya *Senses are illusory*, wuxuuna cadeyn uga dhigay in dareemayaashu ina tusayaan in wax walba ay sugan yihiin, dhaqaaq lahayn oo aaney is-beddeleyn, balse waxaan ognahay in wax walba ay is-beddelayaan iyadoo halow iyo baaba'a ku dhacayo *Change and Corruption*. Sidaa awgeed aqoonta dareemayaasha lagu kasbado ay yihiin wax aan lagu kalsoonaan karin. Heraclitus wuxuu sidaas ku noqday faylasoofkii ugu horreeyay ee rumeysnaa aragtida *Maanbidista Rationalism* oo ah in caqligu yahay asaaska aqoonta, iyadoo maanka laga doorbidayo dareemaha. Wuxuu sidoo kala sidaas ku noqday faylasoofkii ugu horreeyay ee shaki galiya dareemaha bani'aadanka iyo in aqoon dhab ah laga qaadan karo marka ay timaaddo hanashada xaqiiqada iyo aqoonta jiritaanka nolosha. Farqiga u dhexeeya xaqiiqada iyo muuqaalka *Reality and Appearance* waxa uu yahay, xaqiiqada cilmiga waxaa lagu gaaraa caqliga, muuqaalka dareemuhu ku tusayaanna waxay ka hor imaneysaa caqliga, maxaayeelaya dareemuhu way ku hodayaan. Ugu dambeyntii aragtida ah is burrinta caqliga iyo dareemaha iyo in caqligu yahay asalka aqoonta dareenkuna yahay wax lagu hungoobo waxay dib ugu noqoneysaa Heraclitus waxayna falaasifadii isaga ka dambeeyay oo dhan u kala qeybisay maanbide *Rationalist* iyo dareenbide *Empiricist*, taas oo isaga ka dhigtay maanbidihii ugu horreeyay ee taariikhda falaasifada *The first rationalist in the history of philosophy*, wuxuu kaloo ahaa feylasoodkii ugu horreeyay ee shaki galiyay jiritaanka xaqiiqada aqoonta *The first sceptic philosopher.*

Parmenides wuxuu si adag uga horyimid aragtida Heraclitus isagoo meelo fara badan ku khilaafay. Parmenides wuxuu aamminsanaa in wax u dhaxeeya aysan jirin sheygu in uu jiro iyo in aanu jirin. Wixii jira wey jiraan, wixii aan jirinna ma jiraan, iyadoo wixii aan jirin aysan ahaan karin aanna laga fakeri karin. *"It is impossible to think what is not, and it is impossible for what cannot be thought to be."* "Ma dhici karto in laga fekero wax aan jirin, mana dhici karto waxa aan laga fekeri karin in ay jiraan." Nuxurka doodda Parmenides waxay tahay in xaqiiqada dhabta ah ee ka ma dambeysta ah ay tahay xaqa oo ah sida ay wax u jiraan ama ay tahay, waxa aan jirinna ay yihiin wax aan dhab ahayn. *"The absolutely real is Being. Not-being is the unreal."* "Xaqa dhabta ah waa midka jira, waxa aan jirinna dhab ma aha." Muxuu ka wadaa hadalkan uu leehaya waxa jira iyo waxa aan jirin *Being--Not-being*, mise laga fekeri karaa wax aan jirin? Adigoo tijaabo is ka qaadaya is ku day in aad aragto adiga oo aan waxba ka fekereyn! Haye ma is tijaabisay, maxaase kuu soo baxay? Suuragal ma tahay mise ma aha? Suuragal ma aha in qofka ay soo marto xilli aanu waxba ka fekereynin. Isaga oo arrinkan si fiican ugu soo bandhigaya gabaygiisa waddada xaqa *"The way of truth"* Parmenides wuxuu yiri. *"Come now, I will tell thee—and do thou hearken to my saying and carry it away—the only two ways of search that can be thought of. The first, namely, that it is, and that it is impossible for it not to be, is the way of belief, for truth is its companion. The other, namely, that it is not, and that it must needs not be,—that, I tell thee, is a path that none can learn of at all. For thou canst not know what is not —that is impossible—nor utter it"* "Hadda kaalay, wax baan kuu sheegayaa adigoo dhuuxaya hadalkeyga igana qadanaya labada waddo kali ah ee baadigoobka ee maangalka ah. Midda koowaad, magaceedu waa waxa jira, iyo in ayna dhici karin in waxaasi ayna jiri karin, taasi waa waddada aamminaadda, iyadaana xaqu rafiiq la yahay. Tan kale, magaceedu waa, waxa aan jirin, taasina waa waajib u baahan in ay tahay wax aan jirin, waxaana kuu sheegayaa in taasi ay tahay waddada aan qofina sinaba wax uga baran karin. Maxaa yeelay ma ogaan kartid wax aan jirin, taasina ma dhici karto, lagamana hadli karo."

Parmenides, haddii si kale loo dhigo, wuxuu meesha ka saaray dooddii Heraclitus uu ku oggolaaday jiritaanka is-burrinta, maadaama Parmenides loogu yeero aabbihii mandiqa *The father of Logic* wuxuu dhidibbada u aasay qanuunka aqoosiga iyo qanuunka is-burrin la'aanta *The law of identity and the law of noncontradiction*. Tusaale, nolosha iyo geeridu waa laba wax oo is ka soo horjeeda, hal ruux ku ma wada kulmi karaa is ku wakhti iyo is ku hal meel, kamana wada maqanaan karaan. Qofku ama wuu nool yahay ama wuu dhintay, wax u dhexeeya ma jiraan. Parmenides qanuunkan wuxuu u dajiyay in waxa jira iyo waxa aan jirin lagu kala sooco, wixii is ka hor imanaya marka laga hadlayo aragtida cilmiga in ay tahay wax caqligu diidayo. Balse Heraclitus qanunkaas wuu ka horyimid. Tusaale, haddii aan ku iraahdo anigu ma ihi aniga, maxaad iigu jawwabi lahayd? Heraclitus waa runtaa ayuu iigu jawaabi lahaa, laakiin Parmenides wuxuu ku jawaabi lahaa, hadalkaagu wuu is burrinayaa caqli galna ma aha.

Sheeko waxaa jirta qosol badan oo laga soo wariyay feylasoofkii Ingiriiska ahaa ee John Locke ee noolaa qarnigaa 17-aad. Locke wuxuu deyn ka qaatay nin ay saaxiib ahaayeen wuxuuna u ballan qaaday in deynta wakhti kooban uu siin doono. Markii la gaaray ballantii ayuu ninkii u yimid John Locke wuxuuna ku yiri; ballantii waa la gaaray ee deynta is ka bixi. Locke wuxuu ku jawaabay, ninkii deynta kaa qaatay aniga ma aha! Ninkii wuxuu u qaatay hadalkaas jeesjees iyo ciyaar! Wuxuu ku yiri lacagteyda isii ciyaarta iga daa. Locke wuxuu ninkii ku yiri, ninka lacagta kaa qaatay iyo ninka hadda ku hortaagan farqi weyn baa u dhaxeeya! waxaa is-beddelay gabi ahaan jirkeyga, maskaxdeyda iyo shakhsiyadeyda, marka anigii hore ma aha anigan dambe! Ninkii intuu qoslay ayuu Locke ku yiri, waad ii falsafadeysay! Locke markaas iyada ah wuxuu ninka kula hadlay aragtidii Heraclitus, balse ninka deynta laga qaatay wuxuu si aan ogaal ahayn u aamminsanaa aragtida Parmenides ee ahayd in ninkii hore ee deynta ka qaatay iyo kan hadda hortiisa taagan ee uu la hadlayo uu is la isagii yahay.

Parmenides isaga oo ka careysan jahawareerka iyo qaska ka dhashay aragtida Heraclitus, is la markaana weerar culus ku qaadaya doodaha is burinaya wuxuu yir. " *...mortals knowing naught* *wander two-faced; for helplessness guides the wandering thought in their breasts, so that they are borne along stupefied like men deaf and blind. Undiscerning crowds, who hold that it is and is not the same and not the same, and all things travel in opposite directions!."* "... mayd aan wax ogeyn, la yaabbani laba wajiile ceersi la' oo laabtiisu hageyso feker dalfoof ah, se waxaa sidata maangaabnimo la mid ah tan dadka dhagaha iyo indhaha la'. Wax ma garato howtul-hamag ah, kuwaas oo u haysta in waxa jira iyo waxa aan jirin, wixii is ku mid ah iyo waxa aan is ku mid ahayn, iyo wax kasta oo kale ay u kala socda jihooyin is ka hor imanaya."Sida aad arkeyso Parmenides wuxuu af gambiyay dooddii Heraclitus, is la markaana wuxuu saameyn weyn ku yeeshay cilmiga lagu daraaseeyo wacyiga iyo maskaxda oo shaqada ay qabtaan ay tahay in wixii jira ay sawirtaan kadibna keydiyaan.

Parmenides wuxuu aamminsanaa in xaqiiqada aqoontu tahay wax jira. Wuxuu meesha ka saaray aragtida dhahaysa waxba ma jiraan, ama aragtida beenineysa jiritaanka xaqiiqada *Scepticism---Nihilism*. Parmenides wuxuu sidaas ku noqday feylasoofkii labaad ee maanbide ah *Rationalist* marka loo eego Heraclitus oo ay arrinkaas is ka waafaqsan yihiin. Wuxuu sidoo kale ku dooday adduunku in uu waligiis jiray, bilow iyo dhammaadna aanu lahayn. *The universe is eternal*. Parmenides wuxuu kaloo aamminsanaa in dunida meel maran aysan lahayn iyo wax is-beddel ah noocuu doono ha noqdee aanu jirin. *No vacuum or empty space, and no change of any kind*. Wuxuu kaloo aamminsan aragtida kaliyeelidda *Monism* iyo in tiro badni wax la yiraahdo aysan jirin oo ay wax walba hal qura yihiin *No multiplicity*. Marka la soo uruuriyo aragtida Parmenides waxay oraneysaa, dareemayaashu way ku sirayaan marka ay timaaddo gaarista xaqiiqada dhabta ah, xaqiiqada dhabta ahna waa wax aan dhaqaaqin, is-beddelin, tiro badneyn oo mid qura ah, waxa kali ah ee lagu ogaan karana ay tahay caqliga oo kali ah.

Kadib markii aan salka u dhignay bilowga doodaha aragtiyada kala duwan ee aqoonta, waxaan si faahfaahsan gudaha ugu sii galeynaa doodda wixii haatan ka dambeeya innagoo ka bilaabeyna feylasoofka Plato doodihii macalinkiisa Socrates uu ka qoray ee ku saabsan qeexidda ereyga aqoon iyo sida lagu hanto. Waxaan sidoo kale doodda ka eegi doonaa seddex dhinac ama xagal oo kala duwan. Tan ugu horreysa oo ah midda caanka ah uguna da'da weyn maaddada falsafadda ee ah *Epistemology*. Midda labaad oo ah aragti 1950s soo ifbaxday magaceeduna yahay aragtida aqoonta ee bulshada *Social Epistemology* iyo midda ugu dambeysa oo ah cilmiga bulsha ee aqoonta *The Sociology of Knowledge*. Labada hore waxay wadaagaan asal qura oo waxay ka imanayaa cilmiga falsafadda, balse midda ugu dambyesa waxay ka imaneysa cilmiga bulshada *Sociology*, iyagoo wadaagaya maaddada la baarayo ee ah aqoontu waxa ay tahay iyo asalkeedu meesha ay ka imaneyso.

3.1 Falsafadda Aqoonta Ee Socrates

Socrates iyo Plato waa labada feylasoof ee falsafad dhammeystiran oo qaybaha ay maanta ka kooban tahay sida; *Metaphysics, Epistemology, Ethics, Politics* iyo *Aesthetics* asaasay oo salka u dhigay, iyagoo si nidaamsan oo is wadata u soo bandhigay cilmigaas wax-tarka u noqday ilbaxnimada bani'aadanka. Waxay ku doodeen in aqoontu tahay wax jira oo asal ay ka bilaabto iyo cadeyn caqli ku dhisan leh. Waa labada feylasoof oo si adag uga horyimid aragtida ragii la magac baxay xikmadleyda *Sophists* ee ku doodi jiray in xaqiiqo, aqoon iyo akhlaaq wax la yiraahdo aysan jirinay. Ereyga caanka ah ee labadan feylasoof ay daliishan jireen marwalba oo laga hadlayo aqoonta wuxuu ahaa hadalka Protagoras ee ahaa, "*Man is the measure of all things*" "Qofku isagaa cabbir u ah waxwalba." Hadii si kale loo dhigo, ka badbadinta ah in xaqiiqadu ay tahay sida qof walba isagu ay la tahay ama la qumman, wax dhabnimo *Objectivity* la yiraahdana aysan jirin. Xilligaas wuxuu ahaa wakhti is-beddel dhanka aqoonta ah loo gudbay. Waxaa laga guuray af-miishaarnimo iyo dood madhaleys ah, iyadoo loo guuray dood cilmi ku dhisan *From Rhetoric to Dialectic*. Wuxuu ahaa wakhti fawdadii ka jirtay dhanka aqoonta iyo cilmiga laga sii baxayay, iyadoo loo gudbay dhismaha goobo lagu curinayo caqli iyo aqoon wax ku ool ah.

Haddaba, haddii aan ka bilowno Socrates, marka hore waxaan cadeynayaa in ay adagtahay in la kala saaro Socrates iyo Plato, maxaa yeelay Socrates ka ma tagin wax qoraal ah, balse waxaa lagu yaqaannaa oo kali ah doodaha buugga Plato ku qoran. Waxaa sidoo kale adag in la kala saaro doodahaas intee loo tiirin karaa Socrates in uu isagu yiri, inteese Plato uu qoray isagoo adeegsanaya ama ku hadlaya afka macallinkiisa Scorates.

Haddii aan ka bilowno Socrates falsafaddiisa aqoonta waxaa jira erey uu ku caanbaxay feylasoofkani marka ay timaaddo dhanka aqoonta oo oranaya, "*Unexamined life is not worth living.*" "Nolol aan la is ka hubin u ma qalanto in lagu noolaado." Sidii dhaqanka u ahayd, Socrates wuxuu doodihiisa ku bilaabi jiray in marka hore la qeexo qodobka dooddu ku saabasan tahay. Tusaale, marka laga hadlayo caddaaladda, su'aasha ugu horreysa ee uu dadka weydiin jiray waxay ahayd, waa maxay caddaalad? Dood walbana sidaas ayuu ku bilaabi jiray. Taasina waxay ka dhigtay in uu noqdohii qeexidda, *The Father of Definition*. Baadi goobka qeexidda wuxuu xal u yahay dhibaatada dadka ka haysata fahanka iyo garashada dhammaan waxyaabaha is ku midka ah waxa ay wadaagaan kulligood (*universals*). Tusaale haddii aan ku weydiiyo qeexdda bani'aadan waxa uu yahay oo jawaabta su'aashu ay kaa noqoto in aad ii tiriso magacyo dad aad garaneyso, ma tahay jawaabtaadu mid sax ah mise waxaa ku jira mugdi? Socrates wuxuu ku dooday in jawaabtaadu ay tahay mid aan dhammaystirney. Wuxuu ku weydiiyay su'aal guud (*universals*), waxaad ku jawaabtay mid gaar ah (*particulars*). Wuxuu kaa filayay in aad ku jawaabtid, bani'aadanku waa noole caqli leh oo hadla, waana qeexidda saxda ah ama sifada guud ee kulligood ka dhaxeeya oo ay ka siman yihiin. Socrates, Plato iyo Aristotle waxay rumeysnaayeen in waxa kali ah ee bani'aadanku kaga duwanyahay xayawaanka intiisa kale ay tahay awoodda uu u leeyahay fahanka guud (*universals*). Taas micneheedu wuxuu yahay in bani'aadanku yahay caaqil wax kala garanaya, wax koobi kara, xiriirin kara, kala shaandeyn kara, kala dhexbixi kara isagoo wax aanu wali arkin uga qiyaas-qaadan kara wax kale oo uu horay u arkay. Taasi waxay keentay in uu mustaqbalka saadaalin karo, rabitaankiisa xakameyn karo, qaabka uu u noolyahana wax ka baddali kara. Haddaba, haddii awooddaas muhiimka ah laga qaado bani'aadanka oo ah garashada guud (*universals*), wuxuu la mid noqonayaa xayawaanka intiisa kale oo awoodda kali ah ay leeyihiin ay tahay adeegsiga 5-ta dareeme ee aan dhaafsiisneyn garashada waxyaabha gaarka ah (*particulars*). Tusaale, dhurwaagu wuxuu jecelyahay hilibka, maxayse ugu soo dhici la'dahay in uu warshad hilib furto ama xoolo dhaqdo si baahida hilinka uu uga boxo? Dhibaatada dhurwaaga haysata waxay tahay garasho la'aanta aragtida guud ee Hilibnimada (*meatiness*) iyo in uu ku mashquulsanyahay waxa markaas hortiisa ka muuqda.

3.2 Qeexidda Ereyga Aqoon

Ereyga aqoon ama *Epistemology* wuxuu asalkiisu ka soo jeedaa afka Giriigga wuxuuna ka koobanyahay laba erey oo kala ah *Episteme* aqoon iyo *Logos* oo ah seynisi, marka la isu geeyo waxay noqotaa seyniska cilmiga *Theory of Knowledge*. Socrates marka uu baadi-goobayay qeexidda ereyga aqoon wuxuu dooddda Theaetetus ku bilaabay su'aasha ah, waa maxay aqoon? Dooddan oo ka mid ah doodaha Socrates kuwooda ugu adag uguna dheer waxay ku soo idlaatay sidan; in aqoontu tahay qofku waxa uu aamminsanyahay, run ah oo cadeyn wadata, *Justified True Blief*, oo marka la soo gaabiyo noqoneysa (JTB). Haddaba maxaa laga wadaa aamminaad run ah oo cadeyn wadata? Jawaabtu waxay tahay in aamminaad Run ah oo Cadeyn wadata marka af soomaali ahaan la soo gaabiyo noqoneysa (ARC) waxay u qeybsantaa seddex qeybood oo ka ah;

1. Weedha aqoonta ku dhisan, sida cirku waa buluug iyo Muqdisho waa caasimadda Soomaaliya. *Propositional knowledge.*
2. Aqonta ku dhisan u-soo-joogid ama waaya-aragnimada, sida Faarax wuxuu aqoon fiican u leeyahay Geeddi. *Acquaintance knowledge.*
3. Aqoonta ku dhisan khibradda, sida waxaan garanayaa sida loo duuliyo diyaarad ama waxaan ahay duuliye. *Know "How to."*

Falaasifada qaar, waliba kuwooda aamminsan dareenka caadiga ah, *Common Sense,* waxay ku doodaan in dadku ay garasho fiican u leeyihiin waxyaabaha maalin walba ay la kulmaan ee nolosha ku hareereysan. Tusaale, dadku waxay garanayaan in dad kale jiraan, dareen leh, caqli leh iyo in noole kale sida, bisadda, ariga, geella, libaaxa, dhirta, iyo waxa aan nooleyn sida; cirja, dhulka iyo badahu ay yihiin wax jira is la markaana ay intii xad ah aqoon u leeyihiin. Waxaa sidoo kale jira aqoon dadku ay u leeyihiin Alle sifaadkiisa iyo sida uu makhluuqiisa u maamulo. Balse waxaa jira khilaaf ah aqoontaas inta ay gaarsiisan tahay iyo inta ay la'egtahay dood ku saabsan oo ay falaasifada intooda badan is ku khilaafeen. In kastoo dooddii Socrates iyo Theaetetus ay ku soo dhammaatay natiijo la'aan ah in la is ku waafaqi waayay seddexda qeybood ee aan kor ku soo xusnay ee kala ah, aamminaad Run ah oo Cadeyn wadata (ARC) *Justified True Belief* (JTB). Sida uu ku doodaay professor Francis M Conrford, buuggiisa *Plato's Theory of Knowledge,* doodda ku saabsan aqoon iyo waxa ay tahay in ay ku soo biyoshubatay horumar la'aan. Isagoo arrinaas cabbiraya wuxuu yiri,

"*It only remains to point out that all these attempts have failed, and no others are forthcoming*" Waxa kali ah ee haray waa in la tilmaamo in is ku daygaas oo idil lagu guul-darreystay iyo in kuwo kale aan la soo bandhigin"

3.3 Aragtida Aqoonta ee Plato

Plato wuxuu u qeybiyay aqoonta laba nooc, mid waxaa lagu gaaraa dareemayaasha tan kalana caqliga. Midda dareenka wuxuu ku timaamay in ay tahay dhalanteed iyo hoos aan lagu tilmaami karin aqoon rasmi ah. Tusaale, markii uu ka hadlayay dunida ku dhisan dareenka, wuxuu soo qaatay sheekada godka *The allegory of the cave*. Si kooban sheekadu waxay leedahay. Dunidan aan joogno iyo waxa inoo muuqda waxay la mid tahay dad god ku nool oo lugaha, gacmaha iyo qoorta silsilado uga xiran yihiin, godkaas ku dhashay oo ku weynaaday. Dadku waxay eegayaan darbiga hortooda ah, gadaashooda waxaa ka shidan dab, inta u dhaxeysa iyaga iyo dabkana waxaa maraya waxyaabo kala duwan. Dadka waxaa u muuqda oo ay darbiga horttoda ka daawanayaan hoos iyo hummaag u eg muuqaallo dad, xoolo iyo waxyaabo kale oo meesha maraya. Muddo ka dib waxaa baxsaday mid ka mid ah maxaabiistii goka ku xirneyd. Markii uu bannaanka u soo bax is yiri waxaa indhqaha ka cawiray iftiinka qorraxda, illeen wuxuu ku xirnaa god mugdi ah muddo badan! ka dib wuxuu si aayar ah ugu soo baxay bannaanka wuxuuna arkay xaqiiqada dhabta ah sida ay u egtahay iyo in ay aad uga duwan tahay hummaagii iyo hooskii uu godka ku arki jiray. Nuxurka qisadu waxay tahay, dunidan aan joogno waa sida dad god ku jira oo hoos iyo humaag daawanaya una haysta in waxa u muuqda uu yahay xaqiiqadii dhabta ahayd. Dunida dareemuhu waa duni dhalanteed ah, is moodsiin ku dhisan oo lagu hungoobayo. Waa duni wax walba ay is-beddelayaan, wixii maanta dhasha barri way dhimanayaan. Wixii cusub way duugoobayaan, ruuxii da' yaraa wuu duquoobayaa. Wixii quruxda badanaa way foolxumaanayaan, iftiinkii wuxuu is ku baddelayaa mugdi, barwaaqadii waxay is ku baddeleysaa abaar. Dunida sidaas ah aqoonta ka dhalata waa sida aad markaas wax u aragtoa *Opinion* oo aad aamminsan tahay *Belief* balse intaas aan dhaafsaneyn. "Adduunyoy waxaan ku mooday, mise waxaad noqotay, mise waxaan loo noqon doonin"

Plato u ma arko aqoon wax ku ool ah in ay tahay dunida ku dhisan aragtida dhahaysa "i tus oo i taabsii", hase ahaatee wuxuu qabaa aqoonta dhabta ah in ay ku jirta caqliga. Shaqada caqligu waa in uu kala saaro labada duni ee kala ah; dunida dareemaha iyo dunida caqliga oo marka la soo koobo u kala baxda sidan;

Dunida dareemayaasha (dunida caqliga)

Dhammaanaya	Waligii joogaya
Is-baddelaya	Is-baddel lahayn
Kala dhimman	Dhammeystiran (*perfect*)
Jir leh	Aan jir lahayn
Fara badan	Mid ah

Plato wuxuu ku dooday in caqliga laga rabo in uu garto caalamka astaamahan leh; xaqiiqo aan dhammmaad lahayn, sidii la rabay ah, aan is-beddeleyn, jir lahayn oo mid qura ah. *Eternal, Perfect, Unchanging, Non-physical and Oneness.* waddada kali ah ee caqligu ku gaari karo hanashada aqoonta astaamahan aan soo sheegnay leh waa in marka hore uu kala saaro labada duni ee aan kor ku xusnay si aysan isaga qasmin halka asalka aqoonta ay ka dhalaneyso iyo caalamka kale ee dhalanteedka iyo hummaagga beenta ah ee aqoonta ka fog. Hawsha kale ee caqliga laga rabo waa in uu garto xiriirka guud ee nolosha ka dhexeeya *Grasping the abstraction of the particulars.* Tusaale, waxaa lagu weydiiyay su'aal ah, maxaa ka dhexeeya faraska hortaada taagan iyo fardaha dunida ku nool? Jawaabtu waa farasnimo oo ah sifada guud ee ka dhaxeysa oo ay wadaagaan *Universals*. Haddaba, garashada farasnimadu *Horse-ness* waa wax caqliga kali ah lagu garan karo, kana madaxbannaan faraska indhahaagu qabanayaan. Sidoo kale, ragnimada *Maness* waa fikir maangal ah ee ma aha wax "i tus oo i taabsii" ah. Su'aashu waxay tahay, kee horreeya marka ay timaaddo barashada in wax walba si gaar ah loo barto *Particulars*, mise in si guud loo barto *Univerlas*?

Plato wuxuu ku dooday in wax aan dhici karin ay tahay in qofku garto sheyga gaarka ah *Particulars*, kala sooco, xiriiriyo oo isu geeyo haddii markiisii horaba aanu fahansaneyn waxa dhammaantood marka la'isu geeyo ay wadaagaan. *Universals*. Plato wuxuu ka soo horjeedaa aragtida oraneysa, haddii aad rabto in aad qeexdo caddaaladdu waxa ay thay, marka hore waa in aad ka bilowdaa tusaalayaal khaas ah oo caddaalad ku tusaya, sida; Alle caadil ah, waalid caadil ah, bulsho caadil ah iyo madaxweyne caadil ah, kadibna fikir guud oo ka dhexeeya intaas oo dhan lagu saleeyo qeexidda ereyga caddaalad. Plato wuxuu leeyahay taasi suuragal ma aha, haddii markaagii hore aadanba garaneyn caddaalad waxa ay tahay sidee u garan kartaa tusaale khaas ah iyo xaaladaha ku haboon ee mudan in la soo qaato? haddii si kale loo dhigo, waxa aad raadineyso waa in haba yaaraatee ay jiritaa wax fikrad ah oo marka hore aad ka haysatay sheyga *Universals*, haddii aysan jirin wey adkaaneysaa inaad hesho sheyga laftiisa *Particulars*. Ugu dambeynta, fikradda sheyga aad ka qabto waa in uu ka horreeyo sheyga laftiisa. *You must know universals in advance to arrive at particulars.*

Plato aragtida uu caanka ku noqday waxay leedahay in dunida runta ah ee xaqiiqada dhabta ah ay tahay dunida suuragalka ah *the realm of the Forms*. Aqoontaasi waa wax lagu dhasho oo *Fidri* ah ee ma aha wax la kasbado sida uu ku dooday Plato. Aqoontaasi waa mid ku daabacan maanka sida qoraalka birta lagu dul qoro oo kale ah. Ereyga qaab *Form* marka uu noqdo macluumaad *in-form-a-tion* oo suuragal maanka qofka gala is ku baddelaa. Plato wuxuu ku dooday in qofku ka koobanyahay ruux iyo jir, ruuxduna inta aysan jirka soo galin waxay ku nooleyd caalamka sare *Transcendental World*. Tusaale qofka bani'aadanka ah xaguu ka keenay fikradda ah baadigoobka wax dhammaystiran, *Perfection*? Waxaan horay u soo sheegnay in dunidan aan joogno aysan ka jirin wax dhammaystiran oo sidii la rabay ah. Waxaad maqleysaa qof ku leh waxaan muddo raadinayay qofkii aan nolosha la wadaagi lahaa, lammaane fiican walina ma hayo ruux i qanciya oo dhammeystiran *Perfect Person*! Waxaad arkeysaa dad raadinaya bulsho, dowlad iyo nolol dhammeystiran, carruurtuba ha ugu sii darnaadeene. Aragtida Plato waxay leedahay in suuradda *Forms* maanka qofka ku jira ay tahay aqoonta iyo xaqiiqada dhabta ah taas oo aan is-beddel iyo nusqaan lahayn. Tusaale quruxda dhabta ah ma aha midda indhahaagu qabtaan ee waa midda maskaxdaada ku jirta. Muuqaalka maskaxdaada ku jira ee aad quruxda ka haysata ayaa ka run iyo dhabnimo badan midda kale ee aad qof, guri iyo baabuur ku aragtay. *The form of beauty in the mind is the real beauty and it is in the intelligible realm not in this world*. Sidaas ayuuna Plato wuxuu ku noqday feylasoof waaqici ah *Realist* oo ah in qaabka iyo suurada *Forms* yihiin wax dhab ah marka la barbar dhigo dareemaha iyo in sidoo kale Plato uu yahay maanbide *Idealist* rumeysan in maanka oo kali ah lagu gaari karo aqoonta suuragalka *Forms*. Wuxuu sidoo kale Plato sidaas ku noqday laba-barbarle *Dualist* rumeysan in qofku ka koobanyahay ruux iyo jir.

Guusha falsafadeed uu Plato gaaray wuxuu ku kasbaday curunta aragti cusub oo uu ku ibafuray heshiisiinta labadii ruugcaddaa ee isaga ka horreeyay Heraclitus iyo Parmenides khilaafkii dhexmaray ee ahaa aqoonta iyo asalkeeda halka uu salka ku hayo. Wuxuu Heraclitus u qiray in is-beddelka iyo hallowgu *Change and Corruption* uu yahay qanuunka xukuma dunidan aan joogno dareemayaashuna ay yihiin kuwo aan la is ku halayn karin marka ay timaaddoo aqoon dhab ah. Dhanka kale, wuxuu Parmenides u qiran in wixii jira ay jiraan *Existence Exits* balse aqoonta dhabta ah, xaqiiqada aan is-beddelka iyo halowga lahayn meesha laga heli karo ay tahay suuragalnimada sheyga *The Realm of the Forms*. Tusaale midabka guduudka ee kaaga muuqda sheyga ma aha kii dhabta ahaa ee maangalka ahaa. Tusaale, ka soo qaad in aad iibsatay qare ama xabxab ka dibna laguu kala jeexay, markii aad aragtay waxaad ku jawaabtay, guduudkii rasmiga ahaa ee aan filayay ma aha! Plato wuxuu leeyahay kaas maankaaga ku jira ayaa ah kii dhabta ahaa kan kuu muuqda wuu is-beddelayaa muddo yar kadibna wuu hallaabayaa. Aragtida Plato waxaa ku jira qeyb *Metaphysical* fisigiska-ka-dib ah, iyadoo si fiican aan uga hadli doono cutubka kan xiga ee ku saabsan cilmiga lagu daraaseeyo qaab dhismeedka waxa jira, cilmigaas oo loo yaqaan *Metaphysics* fisigiska-ka-dib kana mid ah qeybaha ugu muhiimsan ee falsafadda.

3.4 Khadka Qeybsan ee Plato

Buugga 6aad ee *Republic* Plato wuxuu ku dooday isaga oo tusaale u soo qaatay qorraxda iyo khadka aqoonta kala qeybiya, in wanaagga, *Goodness*, uu la mid yahay qorraxda sida ay u iftiimiso wax walba ka dibna indhaha bani'aadanku ay si fiican wax u arkaan, in sidaas si la mid ah wanaagga, *Goodness*, u iftiimiyo caqliga iyo garashada walxaha maangalka ah si dadku u kala saaraan dhabta iyo dhalanteedka. Dareenka caadiga ah lagu ma ogaan karo aqoonta dhanbta ah, *Absolute Truth*, si haddaba loo helo aqoonta iyo garashada ka ma dambeysta ah waa in la gaaro fahan iyo aqoon loo yeesho wanaagga dhabta ah laftiisa, *Absolute Goodness*. Plato wuxuu durbadiiba raaciyay tusaale kale uu ku soo bandhigay khad uu ku kala qeybiyay labada duni ee kala ah, dunida dareenka iyo dunida caqliga. Aqoonta dhabta ah, *Absolute Truth*, meesha laga kasban karana ay tahay caqliga oo kali ah.

Sida ku cad jaantuskan Plato wuxuu ku muujiyay khadka kala qeybiya labada qeyb ee kala ah dareemayaasha iyo caqliga. Xarfaha A iyo B inta u dhaxeysa oo ah meesha ugu yar wuxuu ku tilmaamay in ay tahay hooska sheyga ama *Shadow illusion* oo uu ka wado farshaxanka *Art* noocyadiisa kala duwan sida, sawir-gacmeedka, taallada i.w.m. Tusaale hooska qofka ama hooska geedka la ma oran karo wuxuu muuqaal fiican kaa siinayaa qofka ama geedka laftiisa sida uu u egyahay, sidoo kale farshaxankuna waa sidaas oo kale ayuu ku dooday Plato. Xarfaha B iyo C inta u dhaxeysa waxaa ku jira dareemayaasha 5-ta ah iyo shaqada ay qabtaan oo xagga yaraanta ku soo xiga qeybta hoose. Qeybtan Plato wuxuu u arkaa in ay tahay sida qofku wax u arko ama ay la tahay *Opinion* taas oo aan gaarsiisneyn aqoon dhab ah oo sugan ama la'is ku halleyn karo. Inta u dhaxeysa xarfaha C iyo D oo ka mid ah qeybta maangalka ah *Intelligable Realm* waa qeyta xisaabta taas oo ah qaabka ugu dhaw ee dunidan aan ku noolnahay aqoon maangal ah lagu gaari karo. Tusaale, marka aan leennahay kani waa seddex-xagal quman ama khad toosan *Perfect Triangle or Perfect Straight Line* waxaan adeegsannay caqliga si aan u gaarno aqoon inoo dhaweyn karta dunida suuragalka ah ee *Plato's Forms*. Inta u dhaxeysa xarfaha D iyo E oo ah inta ugu ballaaran uguna muhiimsan waxaa ku jira falsafadda *Noesis* oo afka Griiga noqoneysa caqli miiran *Pure Ideas* taas oo lagu gaari karo hanashada aqoon dhab ah oo la xiriirta fahanka suuragalaka ah, *Forms*. In kastoo Plato aanu sheegin waddada lagu gaari karo hanashada xikmadda balse faahfaahin intan ka badan oo mawduucan la xiriira waxaan kaga hadli doonaa cutubka kan xige ee ku saabsan *Metaphysics*. Gabagabadii, marka la'isu geeyo xarfaha A B C waxa kali ah ee laga heli karo waa aragti iyo aamminaad *Opinion and Belief*, halka xarfaha C D E laga heli karo aqoon iyo xikmad ku dhaxalsiin karta aqoon dhab ah oo la hubo.

3.5 Falsafadda Aqoonta ee Aristotle

"All men by nature desire to know."

"Bani'aadanka gabigood waxaa ku abuuran jacayl ah in ay wax ogaadaan" Aristotle wuxuu dhashay sannadku markuu ahaa 384 BC, wuxuu ku dhashay magaalo yar oo magaceeda la yiraahdo Stagira oo ku taalla waddanka Macedonia. Markii ay da'diisu ahayd 18 wuxuu u safray magaalada Athens isagoo arday u noqday Plato. Wuxuu muddo 20 sano ah wax ka baranayay jaamacadii ugu horreysay taariikhda cilmiga reer galbeedka ee uu furay Plato taas oo magaceeda la oran jiray *Plato's Academy*. Aristotle wuxuu ahaa arday aad u caqli badan oo garasho iyo aragti dheeraad ah Alle ku manneystay. Waxaa mararka qaar dhici jirtay in Plato marka ay indhihiisu qabay waayaan Aristotle uu weydiin jiray ardayda; "Aaway caqligii"? Plato wuxuu ardaygiisa Aristotle u arki jiray in uu yahay caql;igii oo qof ah. Aristotle wuxuu qoray in ka badan afar boqol oo buug, balse inta badbaaday ee maanta laga hayo ay yihiin 31 oo kali ah. Aristotle wuxuu ahaa feylasoof ballaaran *Mowsuuci* ah. Wuxuuna wax ka qoray maadooyin farabada oo ay ka mid yihiin; falsafadda qeybeheeda kala duwan, sida *Metaphysics*, aqoonta *Epistemology*, akhlaaqda *Ethics*, siyaasadda *Politics*, iyo suugaanta *Aesthetics*. Intaas waa 5-ta qeybood ee ay ka koobantahay falsafadda, intaba Aristotle wax buu ka qoray isagoo wax weyn ku soo kordhiyay. Wuxuu wax ka qoray cilmiga noolaha *Biology*, cilmu-nafsiga *Psychology*, dhaqaalaha *Economics*, cilmiga fisigis *Physics*, cilmiga mandiqa *Logic*, cilmiga aftahannimada *Rhetoric*, cilmiga xisaabta *Mathematics*, cilmiga xiddigaha *Astronomy*, cilmiga dhulka *Geology* iyo cilmiga caqiidada *Theology*.

Aristotle wuxuu ku dooday in qofka bani'aadanka ah marka uu dhasho uu la mid yahay sida warqad cad oo aan waxba ku qorneyn *"Tabula Rasa"* iyo in 5-ta dareeme ay yihiin halka laga heli karo aqoon dhab ah oo la is ku halleyn karo. Aragtidan Aristotle wuxuu kaga duwanyahay dhammaan falaasifadii isaga ka horreysay oo dareemaha u arkay in ay yihiin kuwo lagu hungoobayo oo aan aqoon laga dhaxli karin. Aristotle wuxuu sidaas ku noqday feylasoofkii ugu horreeyay ee dareenbide ah *Empiricist*, marka laga hadlayo taariikhda falfasdda reer galbeedka. Aristotle wuxuu ku dooday in aqoon oo dhammi ay ka bilaabato dareemaha balse aysan ku dhammaanin dareenka oo kali ah. Waxaa jirta kaalin muhiim ah in uu caqliga u soo reebay oo ah in caqligu uu leeyahay awood uu ku hagaajin karo isagoo micno guud ka soo saaraya walxaha dareemuhu qabtaan. Marka ay timaaddo xiriirka aan la leennahay waaqica, Aristotle wuxuu madaxa u rogay aragtidii macalinkiisa Plato ee ahayd in caqliga laga bilaabo ka dibna waaqica lagu xijiyo, halka Aristotle uu ku dooday in waaqica laga bilaabo ka dibna caqliga lagu xigsiiyo. Tusaale, haddii aad rabto xayawaanka maroodiga la yiraahdo in aad wax ka ogaato waa in aad marka hore aragto muuqaalkiisa sida uu u egyahay iyo waxyaabaha uu kaga duwanyahay xayawaanka intiisa kale, ka dib aragtidaas in aad kala soo dhexbaxdo aragti guud *Universlas* oo ku saabsan waxa ka dhexeeya maroodiyada adduunka ku nool oo dhan oo ah maroodinimo. Aristotle wuxuu ku dooday waaqica xaadir ku ah sheyga oo aan sinaba loo kala saari karin qaabka sheyga iyo waxa uu ka sameysanyahay *Form and Substance. Aristotle is eminent realist, and he holds the universals are in the particulars*. Haddii si kale loo dhigo, ma jirto bani'aadanimo kaligeed meel ka lalmata oo ka baxsan qofka bani'aadanka ah. Mana jiro midab kaligii meel taagan oo ka baxsan sheyga uu ku sifeysan yahay. Balse Plato wuxuu ku dooday in waxaas oo dhan ay jiraan.

Asaaska aqoontu waxay ka bilaabataa dareemayaasha hase ahaatee intaas ku ma ekeynin Aristotle ee wuxuu ku dul-dhisay aragti labaad oo oraneysa walxaha dareenka lagu ogaado maxaa ka dhigay sida ay yihiin? Su'aasha ah sabab *Why*? Jawaabteedu waxay ku jirtaa caqliga oo isagu awood u leh garashada mabda'a kowaad *First Principles* oo ah sal adag oo xilli walba iyo meel walba oo la joogo aan is-beddeleynin, la iskuna khilaafi karin. Haddii si kale loo dhigo, waa arrin markhaati ma doonto ah *Axioms* aan u baahneyn in sabab kale loo raadiyo. Tusaale, 1+1=2 ka ma iman karto su'aal ah, maxay hal lagu daray hal u noqotay labo? iyadaa cadeyn isugu filan *Self Evident*. Aqoontu waxay u baahan tahay sal adag ay ku taagan tahay in marka hore loo dhigo. Haddaba, , haddii la waayo saldhigaas adag waxaa dhici kara laba mid uun, in dib u socod aan dhammaad lahayn lagu dhaco, *Infinite Regress*, in mar kasta oo cadeyn la keeno la dalbado mid kale oo tii hore lagu sugo ilaa waligeed la wado, ama in la is ka daba wareego *Circulation* iyadoo meeshii laga billabay cadeynta dib loogu noqonayo. Aristotle aragtida uu ka qabo arrinkan haddii la soo koobo waxay oranaeysa sidan; *"All demonstration must be founded on principles already known. The principles on which it is founded must either themselves be demonstrable, or be so-called first principles, which cannot be demonstrated, nor need to be, being evident in themselves ("nota per se"). We cannot demonstrate things in a circular way, supporting the conclusion by the premises, and the premises by the conclusion. Nor can there be an infinite number of middle terms between the first principle and the conclusion."* "Sharraxaad walba waa in lagu dul-dhiso mabaadi' horay loo sii ogaa. Kuwaas oo iyaguna horay loo sii sharxay asaaskooda, iyagoo kuwaasina mabaadi' kale lagusii asaasay. Kuwaas oo aan sharraxaad kale u sii baahneyn loona heli karin, iyagaa ah markhaati-ma-doonto (isugu filan cadeyn). u ma sharxi karno walxaha qaab is ka daba-wareeg ah, innagoo biya-dhaca hadalka ku xoojineyna ararta, arartana biya-dhaca. Mana dhici karta arar dhexe oo aan dhammaad lahayn loo dhaxeysiiyo mabda'a kowaad iyo biya-dhaca"

Aristotle wuxuu ka mid yahay falaasifada kuwooda loo yaqaan asaasayaasha *Foundationalist*, wuxuuna aamminsanaa sida Plato in aqoontu ay leedahay asaas ay ku taagan tahay oo aan marnaba is-beddeleyn. Innagoo aragtidaas Aristotle ka ambaqaadeyna aan eegno buuggiisa *Posterior Analytics* u jeedada uu ka lahaa oo ahayd in uu dajiyo aqoon seynis ah *Scientifc Knowledge* oo aan lahayn is burin iyo khilaaf toona. Haddii la rabo in aqoon seynis ah la gaaro ku ma filna in la ogaado waaqica dunida ka jira, balse waxaa loo baahanyahay aqoon intaas ka xeeldheer si loo ogaado sababta keentay in waxani sidan noqdaan. Haddaba, haddii lagu guuleysto in sharraxaad laga bixiyo sababta *Demonstrative knowledge* waxaa la helayaa aqoon seynis ah. Markasta oo aqoon loo yeesho sababta waxani u dheceen, isla markaana sharraxaad laga bixin karo, markaas ayey aqoontu noqon kartaa mid seynis ah, run ah oo aan laheyn natiijo ka duwan midda la hayo, ama haddii si kale loo dhigo aan la burrin karin. Aristotle wuxuu sheegay halka mudan in xoogga la saaro marka ay timaaddo baadi-goobka aqoonta; "*Some demonstrations prove only that the things are a certain way, rather than why they are so. The latter are the most perfect*" "Sharraxaadaha qaar waxay caddeeyaan oo kali ah sida sheygu yahay, halkii ay ahayd sababta ay sidan u noqdeen. Midda dambe ayaa ah midda ugu fiican."

Haddaba, Aristotle labada sharraxaad tan dambe ayuu ku sheegay in ay tahay midda ugu fiican *Perfect*. Marka wax la sharxayo daliilku waa inuu ka dhaqaaqo bar-bilow kadibna uga sii gudba meesha ku xigta ilaa gabagabada taas oo loo yaqaano kala-dhexbixid *Deductive* hadal lagala dhexboxo ujeeddo iyo hadaf. Tusaale, haddii aan ku iraahdo, naf walba wey dhimaneysaa, maroodigu waa nafley, sidaa awgeed, maroodigu wuu dhimanayaa. oraahda hadakani wuxuu ka koobanyahay seddex qeybood oo kal ah;

1. Naf walba wey dhimaneysaa
2. Maroodigu waa nafley
3. Sidaa awgeed, maroodigu wuu dhimanayaa

Sharraxaadda noocan ah waxaa la yiraahdaa qiyaaska mandiqa Aristotle *Aristotle's logical Syllogism*. Weedha ama oraahdu waxay ka kooban tahay laba arar iyo biya-dhac *Two Premises and Conclusion*. Tan kowaad waa midda ugu weyn, tan labaad waa mid dhexe oo xoojineysa midda weyn, midda ugu dambeysana waa biya-dhaca ama natiijada saxda ah. Sidoo kale, weedha waxaa ku jira qiyaas *Deductive* ka hadlaya arrin gaar ah sida oraahda labaad ku cad oo ah maroodiga *Particular*, balse oraahda kowaad waxay ka hadleysaa aragti guud *Inductive* iyadoo si guud loo tilmaamayo wax walba oo naf ku jirto *Universals*. Sidaa darteed natiijada ka soo baxday waxay noqotay mid la aammin karo, run ah oo cadeyn wadata (ARC) *Justified True Belief* (JTB).

Aristotle aqoonta wuxuu u qeybiyay aragti iyo fal *Theoretical and Practical*, hase ahaatee mandiqa *Logic* wuxuu ku tilaamay aalad oo afka Griiga ku noqoneysa *Organon* waxaana loo adeegsadaa kasbashada aqoonta. Aaladda mandiqa waxaa loo adeegsadaa in wax lagu qeexo iyo in qeexidda lafteeda la qeexo *The Definition of the Definition*, Aristotle sida uu ku caddeeyay buuggiisa *Categories* qeybta mowduuca *Topics* wuxuu yiri ; "*A definition is a phrase signifying a thing's essence*" "Qeexidu waa hadal ku tusaya nuxurka shega." Tusaale marka la qeexayo bani'aadan, ma la oran karaa waa noole laba lugood ku socda? Waxaa jira noole kale oo laba lugood ku socda. Marka taasi qeexid sax ah ma aha, maxaa yeelay way baahsan tahay. Kawaran haddii sidan lagu qeexo; Bani'aadanku waa noole qaab bulsho ah u nool. Qeexidaasina sax ma aha weyna ballaaran tahay waxaana soo galaya xayaanno farabda oo si bulsho ah u nool sida shinnida oo kale. Qeexidda saxda ah ee Aristotle ku qeexay bani'aadanka waa in uu yahay noole caqli leh *Rational Being, and that is the essence of man* qeexidaas ayaa ah midda saxda ah ee tilmaameysa nuxurka jiritaanka bani'aadanka iyo waxa uu yahay. Haddii la soo koobo shuruudaha qeexidda ee Aristotle u dajiyay qeexidda lafteeda waa in ay ahaato mid kulmineysa isla markaana reebeysa *Unifying and Excluding*.

Si haddaba looga jawaabo su'aasha aqoonta ku saabsan ee ah maxaa sheyga sabab u ah? Aristotle wuxuu soo bandhigay 4 *Because* maxaayeelay, waxayna kala yihiin; 1. Dunta sheygu ka sameysanyahay *Material Cause*. 2. Qaabka sheygu u sameysanyahay *Formal Cause*. 3. Qofka sameeyay sheyga *Efficient Cause*. 4. Ujeeddada ka dambeysa sheyga *Final Cause*. Tusaale, kursiga alwaaxa ah ee lagu fariisto wuxuu ka sameysanyahay maaddada alwaaxa oo ah dunta sheygu ka sameysan yahay. Dun marka aan leeyahay ka ma wado dunta dharka ee waxaan ula jeedaa waxa asalka ah ama maaddada sheyga laga sameeyay *Material*. Tallaabada xigta waa qaabka loo sameeyay kursiga iyo sida loo nashqadeeyay. Kursiga waxaa sameeyay farsamayaqaan aqoon u leh sida loo hagaajiyo qalabka kuraasta alwaaxa ka sameysan. Qodobka ugu dambeeya oo ah hadafka loo sameeyay kursiga ama ujeeddada ugu dambeysa ee laga lahaa in ay tahay in lagu fariisto oo shaqadaas uu qabto. Aristotle wuxuu sidoo kale ku dooday in wax walba ay leeyihiin labo astaan oo kal ah, xaaladda sheyga xilligan ku suganyahay *Actuality* iyo waxa suuragalka ah ee mustaqbalka uu noqon karo *Potentiality*. Tusaale, cunugga hadda dhashay xaaladda uu iminka ku suganyahay waa mid wali ilmanimo ah, balse mustaqbalka marka uu weynaado wuxuu noqo karaa nin weyn oo aabe ah. Sidoo kale, wax walba waxay leeyhiin hadaf ka ma dambeys ah, is kaba daa bani'aadanka xitaa xayawaanka sida shinnida iyo caarada ficilkoodu ujeeddo iyo yool ayey leeyihiin.

Aristotle buuggiisa fisigiska isagoo arrinan tibaaxaya wuxuu yiri; *"It is absurd to suppose that purpose is not present because we do not observe the agent deliberating"* "Waxaan caqli-gal ahayn iska dhaadhicinta in ujeeddo aysan jirin maxaa yeelay u ma jeedno qof ka fekeraya."

Aristotle wuxuu ahaa feylasoof qoraal adag oo culus *Dense and Difficult Philosopher,* iyadoo inta badan buugagtii uu qoray ay lumeen inta lahayo ay isugu jiraan warqado ay ku qoranyihiin casharadii uu aradaydiisa u dhigi jiray oo maaddo walba ay ku jirto oo la isku keenay iyo sharraxaadii qaar ka mid ah ardaydiisa ay ka qoreen. Aristotle buuggiisa akhlaaqda ee *Nicomachean Ethics* cutubka 6-aad qeybta 3-aad wuxuu ku soo bandhigay 5-ta qeybood ee aqoontu u qeybsan tahay oo kala ah;

1. Akhlaaqda Aqoonyahanka
   Intellectual Virtues
2. Episteme/Scientific Knowledge
   Aqoonta Seyniska
3. Phronesis/Practical Wisdom
   Ku-dhaqanka Xikmadda
4. Techne/Technical Knowledge
   Aqoonta Farsamada
5. Sophia/Philosophical Wisdom
   Xikmadda Falsafadda
6. Nous/Intuitive Reason
   Aqoonta Caqliga

Aristotle waxa kali ah ee in la dheelli-tiro uu diiday waa aqoonta, wuxuuna qabaa in akhlaaqta iyo qiyamka aqoontu ay tahay in xaqa guntiisa la gaaro oo aan meel dhexe looga soo harin baadi-goobka xaqiiqada runta ah. Haddii sidaas la yeeli waayo Aristotle wuxuu u arkaa in ay tahay dambi iyo khiyaano akhlaaqda iyo aqoonta laga galay. Haddaba, haddii aan faahfaahin ka bixiyo 5-ta akhlaaq ee aqoonta midda ugu horreysa waa 1. Aqoonta seyniska waxay qofka ka caawisaa fahanka iyo hal-abuurka aqoon ku dhisan cilmi-baaris, cadeyn iyo xaqiiqada sheyga in la helo. Haddii si kale loo dhigo, aqoon kasta oo ku saleysan daliil iyo cadeyn run ah waa mid wax ku ool ah oo la baran karo si nolosha wax looga baddelo. Aristotle wuxuu qabaa in aqoonta seynisku ay tahay mid lagama-maarmaan ah oo haddii aqoon seynis ah la waayo caqliga iyo akhlaaqdu ay burbureyso. Ogow in mar walba ay fiican tahay in la kororsado akhlaaqda aqoonta qeybeheeda kala duwan. 2. Ku dhaqanka xikmadda, waa marka qofku go'aannada uu qaadanayo ay munaasab yihiin oo mar walba uu xaqa haleelo, iyadoo qofkaas la oran karaa waa qof go'aan wanaagsan *Prudence*. 3. Xirfadda gacantas *Skills*, Aristotle wuxuu ku tilmaamay in ay tahay awoodda uu qofku u leeyahay in uu wax sameeyo. Tusaale, harqaanle dhar tola, farsama-yaqaanka qalabka jiifka iyo fadhiga sameeya, kabatolaha, injineerka guriga dhisa, makaaniga baabuurta sameeya i.w.m.

Haddii ay soo bandhigaan farsamo heer sare ah oo si xirfad, aqoon iyo daacadnimo ka muuqato, mar kali ahna ma aha ee mar walba ay tii hore mid ka sii fiican sameeyaan, waxay gaarayaan heerka ugu sarreysa ee akhlaaqda aqoonta *Excellent Intellectual Virtue*. Balse haddii farsamada qofka sheyga sameeyay ay xuntahay wuxuu ku dhacay gaf ama khalad dhanka akhlaqda aqoonta ah. 4. Xikmadda falsafadda *Philosophic Wisdom* Aristotle wuxuu ula jeedaa in si xeeldheer looga fekero su'aalaha culculus ee la xariira jirintaanka nolosha si guud oo qayaxan *Abstract* ah, iyadoo feylasoofka akhlaaqda aqoonta ku sifoobay ay shaqadiisu tahay ka fekerka xaqiiqda ku saabsan su'aalaha aadka u adag ee ah, sabab *Why*, kadibna jawaab aqoon iyo cadeyn dhab ah wadata oo seybis ah loo helo. Aristotle ka ma wado seyniska kale ee tijaabada la xariira, halkan wuxuu ula jeedaa ereyga seynis dhanka fekerka ah oo ku saabsan mabda' kowaad *Frist principle*, doodan oo faahfaahsan Aristotle wuxuu kaga hadlay buuggiisa *Categories* qeybta *Prior Analytics*. 5. Qodobkan oo ah midka ugu dambeeya akhlaaqda aqoonta, Aristotle wuxuu ku tilmaamay in uu yahay garasho ama fahan, *Intuition*, in kasta oo ereyga afka Giriigga ah ee uu adeegsaday uu yahay *Nous*. Tusaale, dhibaato ayaa kugu dhacday, muddo ayey kugu qaadatay in aad xal u hesho, markii dambe adigoo iska jooga ayaa xalkii maskaxdaada ku soo dhacay, Aahhaa haddaan gartay....! Aristotle wuxuu ku tilmaamay arrinkaas in uu yahay garasho ama fahan adigu aadan dooranin ee iskii kuugu soo dhacay. *Nous*. Inta aad nooshahay waxaa ku soo maraya xaalado kala duwan oo khibrad iyo waayo aragnimo kuu kordhinaya kuwaas oo kor u qaadaya isla markaana kobcinaya garaadkaaga waana wax fiican oo dhisaya awoodda garaadka caqliga, akhlaaqda iyo aqoontaada. Haddii la soo koobo, Aristotle 5-taas qeybood wuxuu ku tilmaamay in ay yihiin waddada lagu gaari karo xaqiiqada dhabta ah iyo aqoonta saxda ah.

Gabagabadii Aristotle wuxuu ahaa mid ka mid ah falaasifadii ugu saameynta badneyd ee abid taariikhda soo maray. Yoolkiisa ugu weyn wuxuu ahaa baadi-goobka aqoon la hubo oo la'isku halleysn karo *Certain Knowledge*, isagoo rumeysnaa in ay tahay dabeecad bani'aadanka ku abuuran oo ah rabitaan, baahi iyo oon uu u qabo in uu wax ogaado. Aristotle wuxuu isku dayay in uu helo hangool aqoonta lagu qabto si ayna u kala tagin uguna dhex milmin dunida is-beddelka xawliga leh ku socota. Aristotle wuxuu ahaa seynisyahan rumeysan in dareemuhu ay yihiin meesha ugu horreysa ee aqoon dhab ah laga heli karo, iyadoo caqliguna yahay midka isku habeeya kadibna keydiya waaya-aragnimada iyo khibradda dareemayaasha soo mara. Ma jirto duni kale ama meel kale oo aqoon laga raadiyo oo aan ahayn dunidan aan ku nool nahay. Aragtidan Aristotle wuxuu kaga duwanyahay macalinkiisa Plato oo rumeysnaa in ay jirto duni kale oo aan tan ahayn oo aqoon dhab ah laga heli karo *The World of Froms*. Balse Aristotle wuxuu ku dooday in dareenka iyo caqliga oo la isku geeyay ay ka dhalato aqonnta seynis gaar ahaan iyo aqoonta qeybaheeda kala duwan si guud ahaan.

3.6 Aragtida Cilmiga ee Sophists

Ragga la magac-baxay xikmadleyda *Sophists* waxay ahaayeen macalimiin wareega oo carruurta madaxda bari jiray aftahanimada *Rhetoric* ka dibna ka qaadan jiray lacag farabadan. Ninka ugu magaca dheer ee shaqadan bilaabay wuxuu ahaa Protagoras oo noolaa intii u dhaxeysay (490-420 BC). Ninka ku xigay xagga magaca wuxuu ahaa Gorgias oo isaguna noolaa intii u dhaxaysay (483-375 BC). Marka laga hadlayo taariikhda falsafadda raggan waxay ka mid yihiin kooxda lagu magacaabo Socrates wixii ka horreeyay *Pre-Socratic Period*. Qoladan ujeeddadoodu ma ahyn in falsafad iyo cilmi laga shaqeeyo oo la horumariyo, balse waxayba shaki galiyeen aragtida iyo aqoonta falaasifadii iyaga ka horreeyay laga dhaxlay. Tusaale, Protagoras qoraal laga hayo oo ciwaankiisu yahay *Truth* wuxuu ku bilaabay sidan; "*Man is the measure of all things*" "Qofku isagaa ah cabbirka wax walba." Aragtidan waxay leedahay, ma jiraan wax run iyo xaqiiqo ah oo dadka oo dhan isku si u arkaan ama isku wada raacsan yihiin, balse runta iyo xaqiiqadu waa sida ay adigu kula tahay *Subjectivism*.

Protagoras wuxuu ahaa aabbihii shakileyda ama dhaliilayaasha, *Sceptics*. Wuxuu ku dooday aragtida loo yaqaanno *Relativsim* oo ah, marka qofku go'aan iyo ra'yi ka qaadanayo waxa hortiisa ka dhacaya sax iyo khalad, wanaag iyo xumaan waxay ku xiran tahay qofka waaya-aragnimadiisa, khibradiisa, taariikh nololeedkiisa iyo rabitaankiisa oo saameyn weyn ku leh sida uu wax u arko.

Duruufahaas oo dhan laga ma wada sinna, qof walba wuxuu ku nool yahay xaalad isaga u gaar ah oo ka duwan qofka kale. Sidaas awgeed Protagoras wuxuu aamminsanaa in dareemayaasha aan aqoon lagu gaari karin, maxaa yeelay wax walba wey is-beddelayaan inta hadalka afkaaga ka soo baxaya aadan dhameyn. Haddaba waa in aadan marnaba oran waxani waa sidan iyo sdian ma aha, balse waa in aad dhahdaa, sida aniga ay iila muuqato, sida aan u arko iyo sida ay i la tahay. Ma jirto waddo lagu ogaan karo sida xaqiiqadu tahay, waxa kali ah ee aan ognahay waa sida qof walba isagu ay xaqiiqada ula muuqato. Qof walbana wuxuu ku nool yahay duni iyo xaqiiqo isaga u gooni ah. wax xaqiiqo la yiraahdo ma jirto, xitaa haddii ay jirto ma jirto waddo lagu ogaan karo. Protagoras intaas ku ma ekaanin ee wuu ka sii xag-jirsaday wuxuuna ku dooday in marka aad leedahay "sida ay aniga i la tahay" waa in aad ku darto ereyga hadda *Now*, hadda sida ay i la tahay, hadhow ma aha, markaas kali ah ayuu qofku dareemaha xuduudkooda garan karaa. Dhaliisha Protagoras ee dareemaha waxay noqotay doodda ugu saameynta badan ilaa xilligan aynu joogno taagan.

Haddii dareemuhu ina hodayo ama lagu hungoobay in aqoon dhab ah iyo xaqiiqada lagu ogaan karo, ka waran cagliga isaga ma ku ogaan karnaa xaqiiqada aqoonta? Protagoras wuxuu ku dooday in caqliga qudhiisa aan lagu ogaan karin xaqiiqada, maxaa yeelay caqligu wuxuu ka shidaal-qaataa dareemaha, sidaas darteed caqliga isaguna wuxuu la mid yahay dareemaha. Caqliga adiga kugu jira wuu ka duwanyahay caqliga qofka kale ku jira. Sida aad u fekerto adiga ayey gaar kuu tahay. Wixii adiga run kuu ah, aniga iima aha, wixii aniga xaqiiqo ii ah, adiga kuuma ah. *My truth is not your truth. Your reality is not my reality*. Protagoras markii uu weerarka ku qadayay caqliga wuxuu tusaale u soo qaatay khilaafka iyo aragti kala duwanaashihii u dhaxeeyay falaasifadii isaga ka horreysay, wuxuuna ku dooday in haddii caqligu awood u leeyahay in xaqiiqada dhabta ah uu ogaado maxaa keenay in waxaas oo kilaaf ah uu yimaado? Taas oo jawaabta uu ka bixiyay ay noqotay in caqligu wax sidaas u badan kaga duwaneyn dareenka oo ay isku mid yihiin caqliga iyo dareemuhu. Haddii caqligu ka awood badanyahay dareenka waxaa la isku waafaqi lahaa xaqiiqada dhabta ah waxa ay tahay, khilaafna ma yimaadeen haddii caqli isku mid ah oo isku si wax u arka uu jiri lahaa. Sidoo kale, Protagoras wuxuu ku dooday in akhlaaq iyo qiyam la isku wada raacsanyahay aysan jirin *Objective Moral Truth*. Wixii markaas adiga sax kuula muuqda qof kale ayey khalad ula muuqdaan. Xumaanta waxa adiga aad u taqaan qof baa xarrago u yaqaan. Protagoras marka ay timaaddo jiritaanka Alle (SC) wuxuu ahaa mid yiraahda, ma ogi in Alle uu jiro iyo in kale *Agnostic*.

Gorgias oo ah sofistaha soo labeeya Protagoras, isaguna wuxuu ku dooday mar uu ka hadlayay xaqiiqada iyo aqoonta waxa ay tahay in la ogaan karo iyo in kale oo uu ku qoray buuggiisa uu ciwaanka uga dhigay "Wax aan Jirin", Non-Existent, wuxuu ku dooday sidan:

1. Waxba ma jiraan. *Nothing Exists*
2. Xitaa haddiiba ay jirto la ma ogaan karo. *If it existed, it couldn't be known*
3. Xitaa haddii la ogaado la ma sharrixi karo. *If it is known, it cannot be communicated*
4. Xitaa haddii la sharraxo la ma fahmi karo. *If it can be communicated, it cannot be understood.*

Shakiga intaas la'eg waxa kali ah ee lagu tilmaami karo waa waallida feylasoofkii Jarmalka ahaa ee Friedrich Nietzsche ee noolaa (1844-1900) aragtidii uu aamminsaa ee "Waxba ma jiraan" *Nihilism* sofistaha ay ka timid in uu ahaa Gorgias sida aad arkeyso. Gorgias wuxuu shaki galiyay jiritaanka xaqiiqada iyo in la ogaan karo, la gudbin karo ama la fahmi karo. Wuxuu diiday in dareemaha lagu kasban karo aqoon iyo xitaa in caqligu awood u leeyahay gaaritaanka xaqiiqada dhabta ah ee aqoonta. Sida Protagoras si la mid ah wuxuu meesha ka saaray akhlaaqda iyo jiritaanka Alle. haddii dareemaha, caqliga, aqoonta, akhlaaqda iyo Alle meesha ka baxaan waxaa soo haraya hawada nafta in la caabudo *Whim-Worship*. In qofku u dhaqmo si ka liitada xoolaha wixii intaas ka dambeeyana noloshu waxay isku badeshaa fawdo aan hadaf iyo ujeeddo lahayn. Dhammaan hadalada la xiriira caqliga, aqoonta, diinta, falsafadda iyo akhlaaqda waa been-abuur bulshadu ku heshiisay oo aan sal iyo raad toona lahayn. Haddii si kale loo dhiga, sofistaha waa qof ka soo horjeeda caqliga iyo aqoonta *Anti Intellectual*. Xaaladdii ay abuureen sofistada marka la soo koobo waxay ahayd sidan; "*Greed, ambition, grabbing, selfishness, unrestricted egoism, unbridled avarice became the dominant notes of the political life of the time!*" "Hunguri, damac, boob, naf-jecleysi, qab-weyni aan xad lahayn, cirweyni dabar goosatay waxay ahayd aragtida hoggaamisa nolosha siyaasadda ee xilligaas." Xaaladda noocaas ah iyadoo jirta ayuu yimid Socrates ka dibna Plato iyo Aristotle, waxay dagaal culus ku qaadeen been-abuurkii ay aqoonta ka dhigeen raggaas sofistada ah *Miseducation of the Sophists*.

3.7 Falsafadda Aqoonta ee Shakileyda

Kooxdii hore ee sofistada waxay noolaayeen wixii ka horreeyay Socrates *Pre-Socratic Period*, balse qoladan waxay noolaayeen wixii ka dambeeyay Aristotle, waxayna dhanka aragtida kala mid yihiin ama ka dhinbil-qaateen sofistada. Aabbihii asaasay madarasada shakiga wuxuu ahaa Pyrrho of Elis wuxuu noola intii u dhaxeysay (360-270 BC), waxay ku doodi jireen in aqoon nooca ay doonto ha noqotee aysan suuragal ahayn in la gaari karo. Waxay weerar ku qaadeen dareemaha iyo caqliga oo ay ku sheegeen waxa laga dhaxli karo oo kali ah ay yihiin *Dogma* oo ah wax qofku rumeysanyahay balse aanu cadeyn u heli karin. Magaca ay la bexeen oo ah *Skeptesthai* asalkiisu wuxuu ka soo jeedaan afka Giriigga oo la micno ah is ka hubin taxadar leh, baaris dheeri ah iyo weydiin joogto ah in lagu jiro iyo in aan wax natijo ah la helin ama la gaarin. Haddii si kale loo dhigo, waxaa la yiraahdaa, kuwii wax raadinayay ee mar walba baadi-goobka ku jiray ee aan waxba helin, sababtoo ah in xaqiiqadu ay tahay wax aan dareemaha iyo caqliga lagu ogaan karin. Shakileydu waxay diideen mandiqa Aristotle iyo mabda' kowaad *First Principles*, waxay diideen aragti cilmi wixii iyaga ka horreeyay oo dhan. Waxay diideen jiritaanka akhlaaq iyo qiyam. Waxay diideen aragtida ah in ay jiraan sabab iyo raadeyn *Cause and Effect*, haddii aysan jirin sabab iyo raadeyn qawaaniinta ka dhalaneysa arrinkaas oo dhan iyana ma jiraan, sida in sheyga gaarka ah looga tusaale qaato waxa guud ee ka dhexeeya *From Particulars to the Universals*.

Aragtida jiritaanka aqoon dhab ah waxay ahayd asaaska ay ku dhisneyd falsafaddii Plato iyo Aristole marka laga hadlayo falsafadda aqoonta iyo akhlaaqda *Epistemology and Ethics*. Haddii si kale loo dhigo, shakileydu waxay diideen aragti qayaxan *Abstraction* oo ah awoodda caqligu u leeyahay in uu kaligii ka fekero hanashada ama ogaanshaha cadeynta markhaati-ma-doontada ah *Axioms* iyo in caqligu si guud kala soo dhex-bixi karo waxa ka dhexeeya waxa uu arkay iyo waxa ka maqan *Generalisation*. Waxay sidoo kale shaki galiyeen jiritaanka Alle (SC), waxay ahaayeen *Agnostic* sida sofistada oo kale. Haddaba, haddii shakileydu ay wax walba diideen maxay oggol yihiin? Waxay ku doodeen in ay jirto hubanti la'aan dhanka aqoonta ah, iyagoo ereyga "Dhici-kara" ama "Suuragalnimo" *Probability* oo markii ugu horreysay sooyaalka falsafadda lagu adeegsado uu ku dooday Carneades oo ka mid ahaa shakileyda ahaana aabaha shakileyda casrigan *The Father of Modern Sceptics*. Isagu wuxuu ku dooday in marka ay timaaddo aqoon waxa dhici kara ay tahay waxa suuragalka ah. Sidaa awgeed, shakileyda xilligan nool ee aragtida Carneades ee "waxa dhici-kara" *Probability* ku saamoobay marka ay doodayaan waxay dhahaan, waxaan u dhaxeynaa aragtida ah, jiritaanka aqoon la hubo oo la'isku halleyn karo iyo tan kale oo oraneysa aqoon dhanba ma jirito, iyagoo rumeysan jiritaanka meel u dhaxeysa labadaas aragti oo ah "waxa dhici kara" ama suuragalka ah *Probability* marka ay timaaddo aqoon nooca ay doonto ha ahaato. Waxay afkooda ka ilaalin jireen in ay dhahaan waxani waa sidan iyo sidaas, waxayna doorbidi jiraan in ay adeegsadaan ereyada sida, waxay iilaa muuqataa, waxay i la tahay, waxaa laga yaabaa, waxaa dhici karta iyo ereyo kuwaas la mid ah. Arcesilaus oraahdiisa ayaa si fiican u koobaaysa arrinkaas isagoo yiri; "*I am certain of nothing. I am not even certain that I am certain of nothing.*" " Waxba ma hubo. Xitaa ma hubo in aanan waxba hubin." haddii xaalku sidaas yahay, maxaa qofka la gudboon in uu sameeyo? Jawaabta shakileydu waa in aad is ka ilaaliso sheegashada aqoon iyo in aad wax garaneyso, kadibna hakiso go'aankaaga *Suspend Your Judgment*. Ha dhihin waxaas baa sax ah, waxaas baa khaldan. Wax aragti ah ha yeelan, wax tallaabo ah ha qaadin. Ogow in qof wax og aanu jirin. Ka dhexbax dadka. Intaas marka aad sameyso waxaad heleysaa; xasillooni, qalbi nabad qaba, laab-xaarni, maxaa iga galay, naf raaxo qabta iyo dammiir qabow.

Ugu dambeyntii natiijadu waxay noqotay in bani'aadanka kalsoonidii uu ku qabay dareemaha iyo caqliga ay lunto. Waxaa dadka dhexdooda ku faafay dareen ah quus iyo rajo beel. Waxaan nahay dad ku xanniban duni ay qariib ku yihiin, cabsi badan oo aynaan innagu sameysanin. Waxaa ina haysata xaalad aynaan la falgali karin, fahmi karin iyo duni sida ay u shaqeyso aynaan garashadeeda lahayn. Nolosheennu waxay noqotay cadaab xanuun badan oo aan farxad iyo macaan lahayn. Waxaan nahay dad argagax ku nool oo aan caawinaad haysanin oo intan ka badan aan sidan ku sii jiri karin. Waxaan ku jirnaa mugdi dhan walba ah, kalsoonidii lagu qabay falsafaddana way luntay. Xaaladdaas xanuunka badan ma jirto qaab looga bixi karo aan ka ahayn in faraj dhanka Alle ka yimid la helo. Waxaa halkaas ku dhintay falsafaddii Giriigga, iyadoo u gogol-xaartay soo ifbixii iyo faafiddii diinta kirishtaanka iyo awooddii wadaaddadii kaniisadaha joogay in ay la wareegeen waxbarashada oo dhan si guud ahaan iyo cilmiga falsafadda si gaar ahaan.

3.8 Aragtida Cilmiga ee Wadaaddadii Kaniisadda

Buugga uu qoray Charles Freeman ee cinwaankiisu yahay *The Closing Down of the Western Mind; The Rise of Faith and the Fall of Reason,* wuxuu soo bandhigay xilli kala guur ah oo falsafaddii diin la'aanta *Pagan Philosophy* ay sii dhimaneysay iyo soo ifbixii diinta kirishtaanka. Buuggu wuxuu faahfaahin fiican ka bixinayaa is ku dhicii falsafaddii diin la'aanta ahayd ee xilligaas ka jirtay Giriigga iyo Romanka iyo caqiidadii diinta kirishtaanka ee markaas cusbeyd. Wadaadadii kaniisadu waxay si gaar ah ula rafteen marka hore in ay fahmaan falsafaddii Plato iyo Aristotle ka dibna ay waafajiyaan ama la heshiisiiyaan caqiidada si jawaab loogu helo su'aalaha la xiriira iimaanka *Reconciling Faith and Reason*. Qoraaga buuggan wuxuu ku dooday in is ku dayga dadaalka wadaadada diinta kirishtaanka ay ku heshiisiinayeen diinta iyo falsafadda uu qaabeeyay is la markaana saldhgi u noqday caqliga reer galbeedka iyo caqiidada diinta kirishtaanka. Wixii xilligaas ka dambeeyay diinta kirishtaanku waxay noqotay mid leh awood siyaasadeed waxaana gabi ahaan is-beddelay xiriirkii u dhexeeyay caqliga iyo diinta. Wadaaddadii joogay kaniisaduhu waxay bilaabeen in dadka ay ku khasbaan aragtidooda ayna ku tilmaamaan aragtidoodu in ay tahay midda ka ma dambeysta ah *Absolute Truth* oo aan cidna ka daba hadli karin. Wixii intaas ka dambeeyay waxaa hawlgab noqday caqliga, iyadoo dadka lagu khasbay in ay si indho la'aan ah u aamminaan wadaadada kaniisadda. Waxaa la diiday in qofku wax fikri ah yeesho ama si xornimo leh u cabbiro aragtidiisa. Waxaa is-beddelay nidaamkii waxbarashada oo waxyaabo aan caqliga gali karin sida caqiiqada kirishtaanka ee seddexda ilaah *Trinity* dadka lagu bari jiray, iyadoo aan la ogleyn in wax su'aal ah laga keeno arrinkaas.

Wixii intaas ka dambeeyay waxaa bilowday gubista buugagtii ay qoreen falaasifada, iyadoo la burburiyay xarumihii waxbarashada ee ku yiillay magaalada Athens iyo magaalooyinkii ku dhawaa. Xilligii uu Emperor Justinian ka talinayay boqortooyadii Roma wuxuu xiray jaamacadii lagu baran jiray aragtida cusub ee Plato *Neoplatic Academy* sanadku markuu ahaa 529 AD, iyadoo xilligaas ka hor la burburiyay jaamacadii Plato. Wixii intaas ka dambeeyay waxaa hoos u dhacay tayaadii waxbarashada iyo aqoon wax ku ool ah oo u jawaabi karta nolosha iyo jiritaanka bani'aadanka. Haddaba, waxaan is ku dayi doonaa in qeybtan kooban aan kaga hadlo qaar ka mid ah wadaaddadii kaniisadda aragtida ay ka qabeen aqoonta iyo sida lagu gaari karo, iyadoo maskaxda lagu hayo in aragtidoodu ay salka ku hayso falsafaddii Plato iyo Aristotle.

3.9 Aragtida Cilmiga ee Plotinus

Plotinus wuxuu ku dhashay magaalada Alexandria ee dalka Masar wuxuuna noolaa intii u dhaxeysay (204-270 AD). Falsafadda Plotinus waxaa saameyn weyn ku lahaa Plato isagoo dugsigii falsafadda ee uu magaalada Roma ka aasaasay iyo falsafaddiisaba loogu yeeri jiray "Cusbooneysiinta Plato" *Neoplatonism*. Plotinus wuxuu aamnsanaa si la mid ah sida Plato in dareemaha aan lagu kasban karin aqoon dhab ah oo la is ku halleyn karo iyo in caqligu uu yahay meesha bani'aadanku aqoonta ka heli karo. Hase ahaatee Plotinus wuxuu soo kordhiyay aragti oraneysa fikirka qayaxan *Abstraction* wuxuu ku jiraa maskax bani'aadanka ka sarreysa

Supernatural Mind. Tusaale, markii aan ka hadleynay aragtida Plato ee qaabka sheygu u samesdanyahay *Plato's Forms* waxaan ku qeexnay in uu yahay fikirka guud ee sheyga qofku ka haysto sida; midabka, xayawaanka iyo dabiicada dhammaanteed in ay yihiin wax muuqda iyo wax maanka ku jira, iyadoo midka maanka ku jira uu yahay kan dhabta ah kan kuu muuqdana uu yahay mid dhalanteed ah. Plotinus wuxuu leeyahay fikirkaasi waa mid ka yimid maan ama maskax inaga sarreysa taas oo markii dambe is ku badeshay aqoonta Alle. In kasta oo Plotinus aanu diinta kirishtaanka qaadanin, haddana falaasifada qaar ayaa ku dooday in uu ka warqabay oo ay saameyn ku lahayd qaabkii uu uga hadlay arrinkan marka loo barbardhigo Plato. Sidaas awgeed aragtida guud *Universals* waxay noqotay wax ka imanaya aqoonta Alle agtiisa ka ahaatay.

Plotinus wuxuu ku dooday in ay jirto il burqaneysa *Emanation Process* oo ka imaneysa maanka midka kali ah ee abuurku ka bilowday *The One* oo uu ula jeedo Alle (SC). Aragtidan waxaa ku saamoobay wadaadada kaniisadaha iyo culimadii Muslimiinta oo ku tilmaamay ereyga burqashada *AL-feyd* iyo in aqoontu ay ka mid tahay waxyaabahaas maanka sare ka imanaya *Divine Mind*. Haddaba sidee lagu gaari karaa aqoon dhab ah? Plotinus wuxuu ku dooday in qaabka kali ah ee lagu kasban karo aqoon dhab ah ay tahay in qofku uu maro hawl dheer oo adag. Naftiisa uu si fiican u rabbeeyo, maskaxda faaruq ka dhigo isaga oo markaas ka dib khalwa galaya. Intaas oo tallaabo ah markii aad qaado waxaad lumineysaa dareenka qofnimo iyo caqli, waxaadna durbadiiba la midoobeysaa Alle (SC) adigoo arkaya waxa uu yahay oo dhab ah, iyada oo haddii lagu weydiiyo aanad sharraxaad ka bixin karin wixii aad aragtay marka laga reebo qof sidaada oo kale soo maray wixii aad aragtay. Plotinus wuxuu sheegay in 4 goor uu la kulmay xaalad noocaas oo kale ah.

Sida laga dhadhansan karo aragtida Plotinus waxay salka ku haysaa fikirka Plato ee ah Suufinimada falsafadda *Philosophical Mysticism* taas oo ku kooban qofka caqligiisa iyo in uu si qotodheer uga fekero waxa ay tahay xaqiiqada iyo aqoonta dhabta ah. Balse Plotinus wuxuu ku soo kordhiyay xagal cusub oo ah la midowga Alle *Waxdatul Wujuud*. Aragtidan tasawufka falsafagi ah wuxuu sabab u noqday in ay soo if-baxaan kooxihii ugu horreeyay ee Masiixiyiinta Suufiyada noqday, kuwaas oo nolosha ka fogaaday, buuraha galay kuna xadgudbay cibaadada iyo Alle ka cabsiga. Sidoo kale aragtidan waxaa ku saamoobay kooxo kale oo Muslimiin ah oo sheegtay in ay gaareen *Kashfi* oo ay waxyaabaha inaga qarsoon ogyihiin. Muslimiinta dhexdooda waxaa soo ifbaxay dariiqooyin Suufiya ah, shiicaduba ha ugu sii darnaatee, oo sheeganaya in ay gaareen aqoon Alle xagiisa ka timid *Cirfaan* iyo in qalbigooda lagu tuuray iftiin xagga Alle ka yimid *Enlightenment*. *Suufi*yadu waxay aamminsanyihiin sidii Plotinus in darajadaas lagu gaari karo *Khalwo* iyo nafta oo la carbiyo. Haddii aad weydiiso khuraafaadka beenta ah ee aad sheegeysaan maxay yihiin? Waxay ku leeyihiin sidii Plotinus, wax qof aan soo marin hawshaas loo sharrixi karo ma aha *Ineffable*. Haddii si kale loo dhigo, Plotinus wuxuu ahaa aabbihii bilaabay in ay jirto aqoon si Suufinimo ah lagu gaari karo, aqoontaas oo magaceeda la yiraahdo Suufiimada falsafadda *Philosophical Mysticism*. Suufiyada Masiixiyaddu waxay dhahaan la midowga Alle *Polytheism* oo afka Carabiga ku ah *Waxdatul Wujuud*, Suufiyada Hindidu waxay dhahaan *Nirvana* oo ah aqoontii sarreysay *Supreme Knowledge*, Suufiyada Muslimiinta, waliba kuwa shiicada, waxay qabaan aragti dhahaysa *Cirfaan* oo ah in qalbiga Alle yaqaanna uu leeyahay indho uu ku arko wax dad kale aysan arki karin. Sidoo kale, Suufiyada falsafaddu waxay leedahay feker xelldheer *Contemplation*, Suufiyada Masiixiyadu waxay leedahay nadiifinta nafta *Ecstasy*, Suufiyada Hindidu waxay leeyihiin dhex-mukhuurashada nafta *Meditation*,

Suufiyada muslimiintuna waxay leeyihiin kali-ahaanshaha nafta *Khalwa*. Waxaas oo dhan waa sida ama qaabka loo kasbado aqoon aan dareemha iyo caqliga lagu gaari karin.

3.10 Aragtida Cilmiga ee St. Augustine

Aragtida aqoonta ee wadaadka Augustine waxay la mid tahay midda Plato, balse wuxuu ku soo kordhiyay aragtida oraneysa, haddii xikmadda Alle *Divine Wisdon* aysan jiri lahayn wax aqoon la yiraahdo ma jirteen. Haddaba su'aasha halkan ka dhalaneysa waxay tahay, sidee lagu heli karaa xikmadda Alle? Jawaabta St. Augustine waxay tahay in qaab waxyi ah iyo qaab abuur ah/fidri ah uu Alle bani'aadanka ugu soo gudbiyo xikmadda iyo aqoonta, sidaas ayeyna bani'aadanku ku ogaadaan qawaaniinta bulshada iyo midda dabiicada ay ku noolyiohiin ee ku hareereysan. Sidaas awgeed, bani'aadnku wuxuu ku tiirasanyahay Alle marka ay timaaddo dhanka aqoonta. Wuxuu sidoo kale ku tiirasn yahay Alle oo nuur iyo iftiin rabbaani ah ku manneystay *Divine Illumination*. Haddii si kale loo dhigo, sida indhuhu ugu baahanyihiin iftiin ay wax ku arkaan ayaa caqliguna ugu baahanyahay xikmad uu wax ku fahmo. Qorraxdu waa iftiinka indhaha, waxyiguna waa iftiinka caqliga.

St Augustine wuxuu ku dooday, si qofku u helo xikamdda Alle waa in uu marka hore rumeeyo oo iimaan laga helo, ka dib ayuu aqoon kasban karaa. Isagoo arrinkan tibaaxaya wuxuu yiri; "*Unless you believe you shall not understand*" "In aad rumeyso mooyee ma garan doontid". Oraahdan wuxuu ula jeedo in aqoon oo dhan ay ka bilaabato rumeyn. St. Augustine wuxuu hormariyay waxyiga marka la barbardhigo caqliga. Haddii si kale loo dhigo, wuxuu ku dooday in caqligu leeyahay awood kooban oo ku tiirsan xikmadda Alle iyo in caqli kaligii aanu ku filneyn marka ay timaaddo kasbashada aqoon dhab ah. Arrinkan wuxuu saameyn ballaaran ku yeeshay wadaaddadii kaniisadda ee St. Augustine ka dambeeyay oo weerer adag ku qaaday caqliga si dadka looga dhaadhiciyo wax caqliga iyo diinta ka fog, iyadoo dadka lagu qancinayo in caqligu yahay mid ku tiirsan diinta. Arrinkaas natiijadii ka dhalatay waxay noqotay in caqliga meel la is ka dhigo oo qiimaha laga qaado.

Haddii aan markan eegno doodaha wadaadkii la oran jioray Thomas Aquinas isaga aragtidiisu waxay ku saleysan tahay falsafadda aqoonte ee Aristotle, waxayna khilaafsan tahay falsafadda Plato iyo St. Augustine. Thomas Aquinas wuxuu ahaa wadaaddadii kaniisadda ee is ku dayay in ay heshiisiiyaan caqliga iyo caqiidada. Wuxuu ku dooday in diinta iyo falsafaddu ay yihiin laba shey oo kala duwan, isagoo falsafadda ku tilmaamay in ay tahay aqoon lagu kasbado dareemaha iyo caqliga iyadoo la isticmaalayo wadadadii Aristotle u dajiyay hanashada aqoonta seyniska dabiiciga ah oo ah in bani'aadanku awood u leeyahay isagoo adeegsanaya caqligiisa iyo dareenkiisa in uu heli karo aqoont iyadoo aan loo baahanin waxyi ama nuur Alle xaggiisa ka yimid. Shardi ma aha si qofku aqoon u helo in marka hore iimaan laga helo. Aquinas wuxuu meesha ka saaray dooddii Augustine ee ahayd, marka hore waa in qofka laga helo iimaan, kadibna uu sidaas aqoon ku helayo. Dhanka kale Aquinas wuxuu ku dooday in diintu ay u baahan tahay in marka hore la rumeeyo waxyiga kadibna la is ku dayo in la fahmo micnaha ka dambeeya naska si ujeeddada loo garto. Haddii si kale loo dhigo, diintu waxay ka bilaabataa iimaan waxayna u gudubtaa aqoon, halka falsafaddu ay ka bilaabaato aqoon oo ay u gudubto iimaan. Aquinas wuxuu ku dooday in ay jirto meelo diinta iyo falsafaddu ay is ku soo beegmi karaan oo arrin falsafaddu caddeyn cilmi ah u hayso in Alle uu waxyi inoogu sheego. Kulankaas ay diinta iyo falsafaddu is ku waafaqeen Aquinas wuxuu u bixiyay caqiidada dabiiciga ah *Natural Theology*, waana inta u dhaxeysa aqoonta waxyiga *Revealed Knowledge* iyo aqoonta falsafadda oo xilligaas loo yiqiinay *Natural Knowledge*.

Aquinas wuxuu ku dooday in waxyigu aanu ka hor iman karin caqliga balse uu kaabayo caqliga. Waxyigu wuxuu ka warbixiyaa meel caqliga bani'aadnka aanu gaari karin oo aanu waxba ka sheegi karin. Tusaale wuxuu u soo qaatay abuurka dunida in ay jirto xilli iyo qaab ay ku bilaabatay iyo waligeed in ay jirtay. Aquinas wuxuu ku dooday, ma jirto qaab lagu ogaan karo arrinkaas caqli ahaan marka lagu eego waana in aad tiraahdo ma ogi. Dabcan wuxuu ka hadlayaa xilligii uu noolaa ee aan wali si cilmi ah loo ogaan in dunidu ay bilibaatay oo ay dhammaad leedahay *Big Bang Theory and Big Crunch Theory* waa laba aragti oo fisigis ah oo ka hadlaya in dunidu bilow iyo dhammaad leedahay. Aragtiyadan seyiska ah waxaa la gaarayqarnigii 20-naad ee aynu ka soo gudubnay. Maadaama xilligii Aquinas aan wali seynisku gaarin xaqiiqadaas cilmi wuxuu ku dooday in masalada caqligu aanu waxba ka sheegi karin uu waxyigu meeshaas bannaan buuxin karo iyadoo aan diinta iyo caqkligu is ka hor imanin, maxaa yeelay caqliga iyo waxyiga labaduba waxaa ina siiyay Alle, Alle (SC) wuu ka hufanyahay in laba shey oo is burinaya oo is ka hor imanya uu bani'aadanka siiyo. Sidaas awgeed falsafadda iyo diintu way is waaqafsan yihiin, is kamana hor imanayaan.

3.11 Falsafadda Aqoonta ee Culimada Muslimiinta

Haddii aan ku bilowno *Muctazilada* oo ahaa kooxdii ugu horreysay uguna caansnaeyd firqooyinka *Cilmul Kalaamka*, waxay qaateen falsafaddii Plato ee ahayd maanbidista *Rationalist*. Haddii si kale loo dhigo, Muctazilada waxaa Muslimiinta dhexdooda looga yaqaannaa in ay ahaayeen koox *Caqlaaniyiin* ah, Magacan waxay kula bexeen ka dib markii iyagoo is ku dayaya heshiisiinta caqliga iyo naqliga ay caqliga ka hormariyeen Qur'aanka iyo sunnadda, iyagoo caqliga ka dhigay masdarka ugu horreeya ee aqoonta naqliga iyo ijmaacana ka dhigay booska labaad iyo sedexaad. Sidii ahlu kitaabkii iyaga ka horreeyay ee Yuhuudda iyo Nasaarada ay is ku dayeen in falsafadda iyo diinta la is waafajiyo si lamd ah ayey Muslimiintuna isugu dayeen in caqliga iyo naqliga la is waafajiyo. Ashaacirada laftoodu ka ma fogeyn Muctazilada waxayna aamminsanayeen in haddii wax caqligu diido lagu arko naska qur'aanka iyo sunnadda ay lagamamaarmaan tahay in la ta'wiiliyo naska daahirkiisa si loo waafajiyo caqliga. Taasina waa sababta keentay in feylasoofkii weynaa ee Muslimiinta Abuu Xaamid Alqasaali uu allifo buugii cinwaankiisu ahaa *Qanuun Al-ta'wiil* oo ujeeddada ka dambeysa ay ahayd is waafajinta caqliga iyo naqliga.

(صريح المعقول لا يتعارض مع صحيح المنقول).

Dhanka *Ahlu Sunnadda* marka la eego is ku dayga ugu qotada dheer waxaa soo bandhigay Ibnu Teymiya buuggiisa uu cinwaanka uga dhigay *Dar'u Tacaarud Alcaqlu Wannaqli* wuxuu si mandiqi ah ku bilaabay arar iyo biya-dhac muqadima iyo natiijo. Wuxuu ku bilaabay doodda in intan wax ka baxsan aysan suuragal ahayn in ay dhacaan;

1. In caqliga iyo naqligu ay suganyihiin *Qadci*
2. In caql;iga iyo naqligu yihiin malo *Danni* oo markaas la hormariyo kooda raajixa ah muran la'aan
3. Ama in midkood suganyahay *Qadci* oo markaas kooda sugan la hormariyo si ka ma dambeys ah. Haddii ay dhacdo in caqligu naqodo midka sugan *Qadci*, sababta loo hormariyay waa in uu suganyahay ee ma aha in uu caqli yahay

Waxaad ogaataa in ay gaf tahay in mar walba caqliga la hormariyo iyo in mar walba caqliga dhankiisa la rajaxo ay sidoo kale gaf tahay. Ibnu Teymiya marka uu sidaas leeyahay wuxuu u jawaabayaa imaamkii weynaa ee Ashaacirada Fakhrudiin Al-raazi si gaar ahaan iyo firqooyinka caqlaaniyiinta Musliminta si guud ahaan. Haddaba, doodda ah in la heshiisiiyo caqliga iyo naqli waa dood guun ah oo soo bilaabatay kun iyo laba boqol oo sano ka hor ilaa maatana taagan. Waa dood Muslimiintu is ku murxeen oo aan waxba la is ku reeban. Waa dood dhaawac iyo khilaaf fara badan keentay. Waa dood aad la isugu xadgudbay oo la is ku gaaleysiiyay. Sida uu ku dooday feylasoofka Muslimka ah ee u dhashay dalka Marooko Daha Cabduraxmaan wuxuu ku sheegay buuggiisa AL-lisaan Wa Al-miisaan in caqligu noocyo badanyahay oo aanu jirin hal nooc oo caqli ah oo dadka oo dhan ka wada dhexeeya. Tusaale, caqliga Giriigga ah in uu ka duwanyahay caqliga Carabka, caqliga Masiixiga in uu ka duwanyahay caqliga Muslimka iyo in mararka qaarkood uu caqligu nusqaamo ama uu engego oo uu dhagaxoobo. Wuxuu sidoo kale ku dooday in aqoontu ay tahay wax soo saar bulsho *Social Product*. Marka bulsho ay xoogga saarto waxbarashada bulshadaasi waxay gaartaa hodantinimo iyo horumar dhanka aqoonta ah ka dibna waxay ku tallaabsataa horumar dhan walba ah. Aqoontu marka ay ku saleysan tahay dhaqanka, luqadda iyo diinta bulshada, waxaa koboc iyo ballaarasho ku yimaadaa caqliga bulshada si wadar ah iyo midka qofka mufakirka ah si gooni ah.

3.12 Falsafadda Aqoonta Gudaha iyo Tan Dibadda

Is barbar dhigga aqoonta gudaha *Internalism* iyo tan dibadda *Externalism* waa laba falsafad oo is ka soo horjeeda marka laga hadlayo falsafadda aqoonta. Midda hore ee gudaha waxay ku doodeysaa in aqoontu ay ku jirto ama ka timaaddo qofka gudihiisa. Tusaale Feylasoofka u dhashay waddanka Fransiiska Rene Descartes (1596-1650) ee lagu magacaabo aabaha falsafadda casriga ah *The Father of Modern Philsophy* markii uu baadi-goobayay asaaska aqoontu ka bilaabato wuxuu shaki galiyay wax walba sida dareemaha iyo waxa ay inoo soo gudbiyaan. Sidii uu u waday shakiga wuxuu markii ugu dambeysay gaaray "markhaati ma doonto" *Axioms* ama mabda'a kowaad *First Principles* oranaya; "*I Think Therefore I am*" "Waan fekerayaa, sidaa awgeed waan jiraa". Haddii si kale loo dhigo, waxa kali ah ee aan laga shakin karin waa in qofku leeyahay ka warqab uu qofku naftiisa ka warqabo *Self-Conscious*, noole dhihi kara "Aniga" "I" oo leh wacyi iyo aqoonsi nafsadeed waxaa ka jira bani'aadanka.

Tusaale haddii uu jiri lahaa neef geel ah oo leh wacyi, ka warqab iyo aqoonsi shakhiyadeed waxaa la arki lahaa geel duuliye diyaarad ah iyo dawoco aqalka cad ka talineysa! Aqoontaas ka ma imaneyso dibadda iyo dareemaha toona sida uu ku dooday Rene Descartes, balse waa aqoon ka imaneysa caqliga qofka gudihiisa.

Aragtidan waxaa sidoo kale aamminsanaa Plato, waana marka Alfred Whitehead uu leeyahay falsafadda reer galbeedka oo dhan waa; "Footnote to Plato" sharraxaad iyo faahfaahin falsafadda Plato. Dhanka kale, falsafadda aqoonta ee dibadda iyadu waxay ku doodeysaa in aqoontu ay ka timaaddo dibadda sida dareemaha iyo waxa ay inoo soo gudbiyaan. Tusaale, cirku waa wax jira ama ogow ama ha ogaan, mana aha wax ku xiran ogaanshahaaga iyo la'aantiisa. Balse marka ay noqoto in aad aqoon u yeelato cirka, sida kali ah ee aad ku ogaan karto waa dareemka aragga oo kuu soo gudbinaya midabka, fogaanta, ballaca uu cirku leeyahay i,w.m. Haddaba aqoonta aragga laftiisu ku ma jaan-go'na waxa uu cirku asalkiisu yahay ama ka sameysan yahay, balse waa magac ka maran nuxur aqoon dhab ah oo cirka loo leeyahay. Doodu waxay haddana dib ugu noqoneysaa qeexiddii Plato ee ahayd in aqoontu tahay "Aaminaad Run ah oo Cadeyn leh" (ARC) "*Justified True Belief*" (JTB). Haddaba, haddii qofku buuxiyo seddexdaas shardi waxaa la orankaraa qofkaasi wuxuu aqoon u leeyahay waxa uu sheegayo, haddiise shuruudahaas wax ka dhimmanyihiin la ma aqbali karo sheegashada qofka. Waxaad mooddaa in aragtidan falaasifadu is ku waafaqeen ilaa laga soo gaaro qanigii 20-aad sannadku markuu ahaa 1063 ka dib markii feylasoof American ah oo magiisa la yiraahdo Edmond Gettier uu daabacay cilmibaaris uu cinwaankeedu ahaa; *Is Justified True Belief Knowledge*? Wuxuu ku dhaliilay daraasadaas in wada-ogolka falaasifadu ku tageen aaney waxba ka jirin. Waxay noqotay dhul-gariir ku dhacay falsafadda aqoonta iyadoo wixii intaa ka dambeeyay ay falaasifadu la lagdamayeen in ay xal u helaan dhibaatada Gettier uu ka dhawaajiyay *Gettier Problem*.

Gettier wuxuu ku dooday in ARC ama JTB aysan shardi u ahayn in qofku aqoon leeyahay iyo in kale, iyadoo ay aqoon noqon karto wax aadan aamminsaneyn, run ahyan oo aadan cadeyn u haynin. Tusaale, waxaad timid garoonka diyaaradaha adigoo safar ah, waxay indhahaagu qabteen saacad wakhtiga ay sheegeyso uu yahay sagaalkii subaxnimo 9;00am, muddo yar ka dib waxaad eegtay isla saacaddii, mise wali waxay taagan tahay meesheedii hore ee 9;00am. Markan waxaad ogaatay in saacadu ay halleysan tahay, balse waxaa kulmay saacadda haleysan iyo wakhtiga ay sheegeyso si aan ku talagal ahayn oo nasiib ah. Haddaba, la ma dhihi karo arrinkaasi waa aqoon in kastoo aad aammintay, waqtigu run ahaa oo aad cadeyn u hayso haddana si nasiib ah ayey ku dhacday oo aan ku talagal ahayn. Haddii si kale loo dhigo, Gettier wuxuu ku dooday in ARC-JTB aaney ku filneyn hanashada aqoon, balse loo baahanyahay intaas wax ka badan, iyadoo wixii intaa ka dambeeyay ay falaasifo badani is ku dayeen in ay xal u helaan dhibaatada uu sheegay Gettier waxaana mashruucaas loogu magac daray JTB+ ARC+.

Gabagabadii, waxaa halkan ku soo dhammaaday qeybtii hore ee falsafadda aqoonta oo ah qeybta ugu da'da weyn marka laga hadlayo falsafadda aqoonta *Epistemology*, iyadoo ay jirto kala qeybsanaan dhanka falsafadda aqoonta ah oo ka soo bilaabatay Plato ilaa mantana taagan, marka laga reebo is ku dayga Immanuel Kant uu ku heshiisiinayay maanbidista iyo dareenbidista *Rationalism and Empiricism* taas oo aan wali lagu guuleysan. Sidaa awgeed, waxaan halkan ka bilaabandoona qeyb kale oo mar dhaw ku soo biirtay falsafadda aqoonta oo magaceeda la yiraahdo aqoonta bulshada *Social Epistemology*.

3.13 Aqoonta Bulshada

Marka la eego taariikhda falsafadda aqoonta inta badan waxay ahayd mid si shakhsi ah looga hadlo, sida xiriirka ka dhexeeya qofka iyo dunida ku heeran. Hase ahaatee aqoonta bulshada *Social Epistemology* qaabka ay u aragto aqoonta wuu ka duwanyahay qaabkii hore waxayna ka bilaabeysaa fahan-wadareedka bulshada iyo sida ay u aragto dunida ku heeran inta aan marka hore laga doodin aqoonta lafteeda. Halka markii hore ay falsafaddu xoogga ka saari jirtay su'aasha ah, maxay tahay waxa aniga la iga rabo in aan ogaado *What I should know* si ka duwan ayey aqoonta buslhada xoogga u saartay su'aasha ah maxay tahay waxa laga rabo bulshadu in ay ogaato *What society should know*. Aqoonta bulshadu waxay sidoo kale xooga saartaa sidii aqoonta loo fahmi lahaa mustaqbalka, iyadoo aan meesha laga saareyn sidii dadkii inaga horreeyay iyo kuwa maanta jooga ay aqoonta u fahmeen. Haddii si kale loo dhigo, si aqoontu wax tar ugu yeelaya jiilalka soo socda mustaqbalka waa in aqoonta looga hadlo qaab wadar-bulsho ah ee aan looga hadlin qaab shakhsi ama koox wax khuseeya oo kale ah. Marka bulshadu ay go'aan ka gaarto aqoonta si wadar ah waxaa abuurma aragti guud iyo wacyi-wadareed ku saabsan bulsho noocee ah iyo duni noocee ah ayeynu rabnaa in aan dhisno ama ku noolaanno. Mar haddii aqoontu ay tahay wax dadka oo dhan ay wada leeyihiin waxaa lagamamaarmaan ah in waxaas dadka ka dhexeeya ay wada ilaashadaan oo ay ka wada shaqeeyaan iyagoo is ka kaashanaya sidii aqoontaas loo horumarin lahaa. Dhibaatada ugu weyn ee bulshooyinka dunida haysta inteeda badan waa mid ka imaneysa dhanka aqoonta. Tusaale, Soomaalida dhexdeeda qof ayaa wuxuu ku doodayaa aragti ka maran aqoon iyo caqli, waliba isagoo magac aqoon huwan taas oo laga yaabo in ay ku saamoobaan dadka caadiga ah kadibna ay burbur iyo colaad horseeddo. Dadka ka shaqeeya aqoonta marka loo eego bulshada inteeda kale waxay noqonayaan dad yar oo kooban, iyaga ayeyna tahay in bulshadu kala xisaabtanto howsha muhiimka ah ay bulshada Soomaaliyeed u hayaan. Aqoonta bulshada ujeeddada ay ku saleysan tahay waa in bulshadu ka warheyso, ilaashato is la markaana ka qeybqaadato kobcinta iyo hirgalinta aqoonta. Haddii si kale loo dhigo, waa dimuqraaddiyadeynta aqoonta oo ah in dadka oo dhan laga qeybgaliyo go'aamada khuseeyay aqoonta iyo waxbarashada ubadkooda.

Haddii bulshadu ku guuleysato yoolka waxbarashada, waxaa fududaaneysa ka hortagga khatarta ka imaneysa wararka been-abuurka ah *Fake News* ee lagu faafiyo baraha bulshada, maqaalada, cilmi-baarista lagu faafiyo bogaha shabakadda netka, goobaha dadka lagu baro xagjirnimada iyo aqoonta dhacday *Expired Theories*. Halistaas aan ka soo hadalnay sida kali ah ee looga hortagi karo waa in qaabkii hore ee aqoonta loo arki jiray wax laga baddelo. Qaabkaas wuxuu ahaa mid shakhsiga sida isagu uu wax u arko ka bilaabata kuna dhammaata iyo sidoo kale in aqoontu aysan ahayn wax koox yar oo is ku si wax u aragta ay dadka intooda kale ku khasbaan aragtidooda gaarka ah, taas oo marka dambe keenta xagjirnimo dhanka aqoonta iyo ra'yiga ah. Tiiyoo aqoontu marka dambe is ku badesho mabda' *Ideology* uu qofku ku qancay sax iyo khalad midkay doonto ha noqotee. Gabagabadii aqoonta buslhadu waa qorshe dadka u yaalla oo la doonayo in ay gartaan in aqoontu tahay wax noloshooda taabanay oo ay khasab tahay in ay talo ku yeeshan.

3.14 Aqoonta Cilmiga Bulshada

Qeybihii hore waxaan kaga hadalnay falsafadda aqoonta iyo sida ay falaasifadu uga doodeen aqoonta iyo sida lagu hanto. Balse qeybtan waxaan kaga hadleynaa cilmiga bulshada sida ay aqoonta uga hadashay *Sociology of Knowledge*. Cilmiga bulshada waxay aqoonta ka eegtaa xagal ah; sida bulshadu aqoonta u abuurto, u qaabeyso, u qeybiso, u qorsheyso, u habeyso, u gudbiso kadibna u saameyso buslhada oo dhan. Sooyaalka cilmigan marka la eego intaas aan kor ku xusnay ka ma baxsana marka ay noqoto in aqoontu tahay wax soo saarrka bulshada *Knowledge is social product*. Sidaas awgeed aqoontu waa muuqaal bulsho ee ma aha xaalad dabiici ah oo ka baxsan bulshada. Qeybaha aqoonta ay bushadu soo saarto waxaa ka mid ah; aqoonta sayniska, fanka, suugaanta, luqadda, dhaqanka iyo caadada. Waxaa sidoo kale jira kala qeybsanaan bulshada dhexdeeda ah. Tusaale, bulsho kasta waxay leedahay dabaqado kala duwan oo dhanka nolosha ah, sida dhanka awoodda siyaasadda, dhaqaalaha, aqoonta i.w.m. Taasi waxay keeneysaa in ay kala aragti duwanaadaan marka ay timmaaddo sida ay wax yihiin iyo xalka dhibaatada sida uu ku iman karo.

Sida uu ku dooday caalimka cilmiga bulshada Karl Mannheim xiriirka ka dhexeeya bulshada iyo aqoonta waa mid sida goobada oo kale u wareegsan, iyadoo aqoontu ay tahay waaqic bulsho, bulshaduna ay tahay mid ku saamoobeysa waaqicaas aqoonta ay soo saartay oo iyada dhexdeeda ka yimid. Tusaale, haddii bulshadu tahay mid horumartay, horumarkuna ka yimid aqoonta ay kasbatay, labadan xaalad ee aqoonta iyo horumarka wey isa saameeyaan. Wuxuu sidoo kale Karl Mannheim ku dooday in ay jirto xiriir qota-dheer oo ka dhexeeya fekerka iyo bulshadu waxa ay aamminsan tahay taas oo iyaduna xiriir la leh nidaam ballaaran oo maskaxda bulshada ku kaydsan oo ah sida ay u aragto wakhtiga, deegaanka, jiilasha, dabaqadda iyo nolosha. Intaas waxaa ka dhalanaya loollan adag oo bulshada u dhexeeya. Tusaale, jiilba jiilka ka dambeeyay is ku si u ma fekeraan, dabaqad walba waxay leedhay feker iyada u gaar ah, deegaan iyo gobol walba wuxuu leeyahay aragti u goonni ah, waxaas oo idil waxay keenaan is ku dhac iyo loollan dhanka nolosha ah

Karl Mannheim wuxuu ku dooday in qeyb ka mid ah bulshada ay mabda' ahaan u rumeysan tahay in wax walba sida ay yihiin loo daayo oo aan waxba laga baddelin qaab dhismeedka bulshada, kuwaas oo ah dabaqadda saree ee awoodda iyo hantida leh, waxayna faa'iida ku qabaan in lagu sii jiro sida ay wax yihiin *Status-quo*. Dhanka kale dabaqadda hoose waxay rabtaa is-beddel iyo mustaqbal wanaagsan in bulshadu ay hesho. Waxay rumeysanyihiin in xaaladda lagu jiro mid ka fiican la gaari karo. Waxay qabaan in xaaladda xanuunka badan gabi ahaan la baabi'iyo, iyadoo lagu baddelayo mid kale oo ka wanaagsan. Sidaa awgeed loollanka bulshada ee ka dhexeeya labadan dabaqadood ee midi rabto sida hadda ay wax yihiin waxay difaaceysaa mabda' *Ideology*, halka kuwa kalana ay halgan ugu jiraa is-beddel iyo mustaqbal fiican *Utiopia* طوباوى. Gabagabdii, wacyiga bulshada ee ku saabsan aqoonta ma aha mid si guud bulshadu ay uga wada qeybqaadato balse waa mid koox goonni ah ay sameyso dadka intiisa kalna ay ku hoggaamiso. Tiiyoo dadka dulman ay diidmo iyo gadood kala hortagaan aragtida lagu maandoorinayo ee ah in ay aqbalaan xaaladda jahliga iyo faqriga ay ku jiraan.

3.15 Falsafadda Aqoonta ee Abwaan Timacadde

Marka si fiican loo dhuuxo gabayga "Dugsi ma leh qabyaaladi" wuxuu abwaan Timacadde is ku si xoogga u saarayaa dareemaha iyo caqligu in ay yihiin labada meel ee aqoonta laga kasbado. Wuxuu si gaar ah xoogga u saaray labada dareeme ee araga iyo maqalka iyo in kaalinta caqligu uu yahay is ku xirka iyo feker curunta waxyaabaha dareemuhu u soo gudbiyaan caqliga. Tusaale, marka abwaanku uu leeyahay, "Degmadeena oo idil markaan dayey abwaankeeda" wuxuu muujinayaa dareenka aragga in uu u adeegsaday ogaanshaha xaqiiqada jirta. Halkan marka aad eegto abwaanku waxay is ku aragti yihiin Aristotle oo ku dooday in shaqada ugu badan ee aqoonta ay qabtaan dareemaha, iyadoo kaalinta caqligu ay tahay is ku xirka, fahanka iyo curinta aragti guud. Abwaan Timacadde wuxuu adeegsaday dhabbagal caqli *Inductive Reasoning* isagoo mid mid isu dul-taagay xaaladda uu doonayay in uu wax ka ogaado *Particulars*. Intaas kadin wuxuu is ku dayey in uu is ku wada-qabto si guud *Universals* wuxuuna gaaray natiijo ah qeexid iyo aqoonsi in uu u sameeyo mowduuca *The Law Identity and the Law of Definition*. Mawduuca uu abwaanku ka hadlay oo ah qabyaaladda, wuxuuna u sameeyay qeexid iyo aqoonsi lagu garto.

Dhanka kale abwaanku wuxuu raadinayay mabda'a kowaad *Frist principles* ama *Axioms* marag-ma-doonto dadku is ku waafaqsanyihiin oo aan khilaaf lahayn. Sidaas awgeed Timacadde wuxuu shaki galiyay wax walba sida; in Soomaalidu leedahay, caqli, iimaan, qiyam, dammiir, maqal, arag, xitaa wuxuu shaki galiyay in Soomaalidu ay tahay bani'aadan iyo in kale isagoo ka sii hoos-mariyay xayawaanka intiisa kale markii uu ku tilmaamay "Dix dhagaxeed." Markan abwaanku wuxuu adeegsaday shakiga Descartes *Cartesian Doubt* oo ahaa feylasoof Faransis ah oo shaki galiyay wax walba si loo gaaro xaqiiqo aan shaki gali karin si loogu dul-dhiso aqoon hubanti leh. Descartes wuxuu yiri; "*I think therefore I am*" "Waan fekerayaa, sidaa awgeed waan jiraa."
  Timacaddana wuxuu yiri, waxa sidan u burburiyay Soomaalida ee ka dhigay wax doorsoon waa; "Dugsi ma leh qabyaaladi waxay dumiso mooyaane". Haddii si kale loo dhigho, waan burburnay, maxaa yeelay waxaa nahay qabyaaladley.

3.16 Gabagabo

Waxaan ka soo hadalnay falsafadda aqoonta iyo sida falaasifadu isugu khilaafeen waddada lagu gaaro aqoon hubanti leh. Qaarkood waxay dareenka ka doorbideen caqliga, halka qaarka kalana ay caqliga doorbideen. Kuwa caqliga doorbiday waxaa loo yaqaan maanbide *Rationalist*, halka kuwa dareenka doorbidayna loo yaqaan dareenbide *Empiricist*. Maanbiduhu wuxuu aamminsanyahay in aqoontu ka timaaddo caqliga, halka dareebiduhu ka aamminsanyahay in aqoontu ay ka imaneyso dareemaha. Dhanka kale, dooddu waxay is ku rogtay aqoonta lafteeda ma la oran karaa waxay ku jaan-go'antahay shegya laftiisa mise waa nuskhada *Copy* sheyga booskiisa galeysa? Falaasifada qaar waxay aamminsanyihiin in aqoontu ay ku jaan-go'antahay sheyga iyo aqoonta loo leeyahay, halka kuwa kalana ay qabaan in aqoontu ay nuskhada sheyga tahay oo ayna sheyga laftiisa ka tarjumeynin. Falaasifada qaarna waxayba qabaan in aqoonta bani'aadanku ay tahay magacyo iyo fasiraad sheyga laga bixinayo si dadku ay wax isugu sheegaan si ay is ku fahmaan. Wixii ka horreeyay qarnigii 20-aad feylasoof kasta wuxuu lahaa aragti aqoon oo isagas u gaar ah, iyadoo falsafadda aqoonta loo daraaseyn jiray qaab shakhsi ah. Balse wixii ka dambeeyay qarnigaas, falsafadda aqoontu waxay curisay qeyb cusub oo aqoonta ka eegeysa dhanka bulshada iyo in aqoontu tahay wax soo saar bulsho, halka cilmiga bulshadu ka eegtay aqoonta aysan middaas ka fogeyn.

SAHMIN FALSAFAD SOOMAALIYEED

CUTUBKA 4
FISIGISKA KA DIB (*METAPHYSICS*)

FISIGISKA KA DIB (METAPHYSICS)

Aristotle ayaa la weydiiyay cilmiga *Metaphysics* iyo siyaasadda kee mudnaanta kowaad leh? Aristotle intuu wax yar aammusay ayuu ku jawaabay *Metaphysics* ayaa ugu mudan culuunta oo dhan. Sababata uu sidaas u yirina waxay tahay isagoo cilmiga *metaphysics* ka aamminsanaa in ay asaas u tahay culuunta inteeda kale. Sidoo kale, falsafadda laguu sheegayo waa *metaphysics*, *metaphysics*-na waa falsafadda oo ah saldhiga aqoonta inteeda kale ay ku taagan tahay. *Metaphysics* waxay leedahay mudnaan weyn oo haddii ayna jiri lahayn qeybaha kale ee falsafadda iyo seyniska intiisa kale aysan jiri lahayn. Cilmigan wuxuu baaritaan qota-dheer ku sameeyaa su'aalaha ah; maxaa jaangooya asaaska dhismaha xaqiiqada, *The fundamental structure of reality*? Maxaa nira? Jiritaan ceynkeen ah ayey ku suganyihiin waxa jira? Su'aalahaas aadka u culus iyo jawaabohooda waa yoolka iyo ujeeddada kama dambeysta ah ee cilmiga *metaphysics* ku mashquulsanyahay had iyo goor.

Sooyaalka maaddada, *metaphysics*, waxay la da' tahay taariikhda falsafadda lafteeda oo waxay hordhac iyo dabagal u noqotay qeybaha kale ee cilmiga falsafaddu ka kooban tahay. Haddii aan tusaale u soo qaadanno qofkii ugu horreeyay ee magaca feylasoof loogu yeero wuxuu ahaa Thales una dhashay Giriig. Wuxuu is ku dayay in uu ogaado sheyga qura ee noloshu ka bilaabatay. Wuxuu ku tilmaamay in abuurku ka bilowday biyo. Anaximenes isaguna wuxuu ku dooday in sheygii ugu horreey ee abuurka dunidu ka bilaabatay uu ahaa dabeyl ama hawo. Heraclitus wuxuu aamminsanaa in noloshu ka bilaabtay dab, halka Empedocles uu ku tilmaamay in bilowga noloshu ay ahayd afar shey ama walxood oo la isu geeyay oo ah; dab, dhoobo, hawo iyo biyo. Waxaa xusid mudan in Anaximander oo ahaa aradygii Thales uu isagu ku dooday in noloshu ka bilaabatay waxa uu ugu yeeray *Apeiron* oo micniisu yahay wax aan xad lahayn, waligiis jiray, aan dhammaad lahayn, wax isaga ka horreeyay aysan jirin isla markaana isaga ay wax walba ka bilowdeen kuna dhammaan doonaan.

Xilliga ay soo if-baxday *metaphysics* si gaar ah iyo falsafadda si guud ahaan waxay ka tarjumeysay marxalad kala guur ah oo laga guurayo khuraafaadka iyo sheeko-xariirta dadku ka aamminsanayeen dunida iyo sida ay u sameysan tahay loona guurayay qaab cilmiyeysan oo baaris iyo dabagal ku dhisan. Sidaa darted, waxaan cutubkan kaga hadli doonaa maaddada a *metaphysics ujeeddada* iyo mowduuca dulucda u ah ee ay soo bandhigeyso si aqoonta inteeda kale horumar loogu sameeyo, maxayeelay *metaphysics* la'aanteed cilmi ma jireen, horumarna ma sameeyeen. Haddii si kale loo dhigo, hooyada cilmi oo dhan noocuu doona ha ahaadee waa *metaphysics*.

FISIGISKA KA DIB (METAPHYSICS)

4.1 Qeexidda Ereyga *Metaphysics*

Ereyga *metaphysics* asalkiisu wuxuu ka soo jeeda laba erey oo Giriig ah oo kala ah *Meta* oo micneheedu yahay ka dib iyo *Physics* oo michiisu yahay dabiicada *Nature,* iyadoo marka la is ku daro labada erey ay noqonayaan fisigiska ka dib ama dabiicada waxa ka dambeeya. Taariikh ahaan waxaa la sheegaa in halka uu ka yimid magacan *metaphysics* uu ahaa Andronicus *of Rhodes* oo ku noolaa Alexendria Egypt 300 ilaa 400 oo sano Aristotle ka dib uu daabacay buugga Aristotle ee Fisigska iyo buug kale oo wax cinwaan ah aan lahayn. Sababtu waxay ahayd buugga oo aan dhammaystirneyn iyo Aristotle oo dhowr magac kala dooranayay kii munaasib ku ah buugga inta aanu dhimin ka hor. Magacyada uu rabay ee uu soo bandhigay waxaa ka mid ahaa, xikmad, *wisdom*, falsafadda kowaad, *frist philosophy,* iyo caqiido, *theology*. Haddaba, haddii buuggu yahay cinwaan la'aan lana daabacayo sidaa awgeed wuxuu Andronicus go'aansanday in uu buugga magac u bixiyo, iyadoo seddexda magac ee Aristotle soo jeedayay ayna wada koobin doodaha buugga ku qoran, wuxuuna qaatay go'aan ah in buugga uu magac cusub u bixiyo oo ah *metaphysics* oo uu ula jeedo buuggii la daabacay buugga fisigiska ka dib.

Si guud, maaddada *metaphysics* waxay ku fooggan tahay ogaanshaha iyo ka gungaarista asalka xaqiiqada iyo jiritaanka nolosha qaabka ay tahay iyo waxa inoo muuqda waxa ka dambeeya. Sida uu ku dooday feylasoofkii Jarmalka ahee ee noolaa qarnigii 18-aad Christian Wolff *metaphysics* wuxuu u kala qeybiyay laba qeyb oo kala ah *metaphysics* guud, *General Metaphysics,* oo sidoo kale loo yaqaano cilmiga jiritaanka, *Ontology* iyo *metaphysics* gaar ah, *Special Metaphysics,* isagoo haddana *metaphysics-ka* gaarka ah u sii kala qeybiyay seddex qeybood oo kala ah; caqiidada dabiiciga ah, *Natural Theology,* cilmiga dunida, *Cosmology,* iyo cilmu-nafsiga maanbista, *Rational Psychology,* kaas oo maanta lagu magacaabo falsafadda raadraaca aadanaha, *Philosophical Anthropology.*

4.2 Metaphysics-ka Guud

Cilmigan wuxuu jawaab u raadiyaa su'aalaha la xiriira jiritaanka si guud oo cilmiyeysan waxaana soo hoos galaya walxaha seyniska lagu daraaseeyo oo idil, iyadoo marka dhankaas la eego *metaphysics* la oran karo waa meesha cilmiga seynisku ka bilowday kuna soo uruuro *Omni-science*. Haddaba ereyga *Ontology* oo ah jiritaan wuxuu asalkiisu ka soo jeedaa luqada Giriigga waana labada erey ee kala ah *Onto* oo micnihiisu yahay ahaansho *Being* iyo *Logos* oo la micno ah seynis, iyadoo marka la is ku daro ay noqoneyso *Ontology* oo micneheedu yahay daraaseynta ahaanshaha ama waxa jira *Science of being*, Haddaba, su'aalaha cilmiga ahaanshaha uu weydiiyo waxaa ka mid ah; waa maxay ahaansho? Maxay ka micno tahay in uu ahaado? Maxay yihiin xaaladaha ahaanshuhu? Midka ah ma ahaan karaa isaga oo aan aheyn? Ma jiraa wax u dhexeeya ahaansho iyo ahaansho la'aan *Being and nonbeing*? Ahaanshhu ma wax la noqdaa mise waa lagu waaraa? haddii ahaanshuhu wax la noqdo yahay, xaggey ka ahaadeen? Haddiise lagu waarayo maxay u dhintaan? Wax walba miyey dhintaan? Waxse ceynkee ah ayaa jira? Haddaba, su'aalahaas iyo jawaabohooda ayaa ah dulucda iyo doodda qeybtan aan ku soo bandhigi doono.

4.3 Ahaanshaha Sida uu Yahay

Parmenides wuxuu ahaa feylaoofkii ugu horreeyay ee iftiimiyay xooggana saaray doodad la xiriirta ahaanshaha marka la eego taariikhda *metaphysics* reer galbeedka. Aristotle ayaa isaguna sidoo kale soo bandhigay dood uu ku muujinayo culeyska ay leedahay maaddadan *metaphysics* iyo dhibaatooyinka ay xallin karto haddii si fiican loogu fiirsado. Aristotle buuggiisa *metaphysics* wuxuu ku dooday aragtida ah, ahaanshaha sida uu yahay *Being Qua Being* iyo in seyniska kali ah ee is ku howlay baarista iyo wax ka ogaanshaha

FISIGISKA KA DIB (METAPHYSICS)

xaqiiqada dhabta ah ee ahaanshaha sida uu yahay iyo sifooyinka uu leeyahay uu yahay maaddada *metaphysics*. *Haddaba* dhibtu waxay ka imaneysa sida lagu ogaan karo qeybaha uu ka koobanyahay sida sheygu yahay nuxurkiisa dhabta ah. Haddii si kale loo dhigo, waxaa jira farqi u dhexeeya muuqaalka iyo xaqiiqada, maxaa yeelay ahaanshuhu ku ma jaan-go'na sida dareemuhu u arko ama ay u muuqdaan. Haddaba seyniska ahaanshuhu waa dabagalka qaab dhismeedka xaqiiqada iyo wax walba oo jira sida ay u jiraan, mana jiraan wax ka baxsan seyniskan iyadoo laga bilaabayo jiritaanka Alle (SC). Haddaba farqiga u dhexeeya *metaphysics*-ka guud *Ontotlogy* iyo midda gaarka ah *Special Metaphysics* waa gudo-ballaarnida maaddadu ay ka hadleyso wax walba oo jira sida uu yahay, halka *metaphysics*-ka gaarka ay ka hadasho shey goonni ah sida uu yahay iyo sida lagu ogaan karo.

Si haddaba looga jawaabo su'aasha ah maxaa jira *What Exist*? Waxaa durbadiiba soo baxaya aragtiyo kala duwan iyo khilaaf u dhexeeya falaasifada dhexdooda. Tusaale feylasoofka u dhashay dalka Irland George Berkley kaas oo noolaa qarnigii 18-aad wuxuu ku dooday in xaqiiqada dhabta ah ay tahay caalamka arwaaxda *Spiritual World*, halka dunidan aan ku noolnahay ay tahay wax maanka bani'aadanka iyo sida uu u arko ku xiran. Aragtidan oo falaasifada qaar ay u bixiyeen *Subjective Idealism* "sida ay kula tahay" wuxuu Berkeley ku dooday weedh uu caan ku noqday taas oo oraneysa; "*To be is to be perceived*" "Ahaanshhu wuxuu ku xiranyahay in la suureysan karo." Hadalkan wuxuu ula jeedaa in aysan jirin shey ka madaxbannaan maanka bani'aadanka. Tusaale, kursi, geed, bisad iyo buur ama dunidan inagu hareersan jiritaankeedu wuxuu ku xiranyahay maanka bani'aadanka. Waxaa jira falaasifo kale sida *Logical Positivists* oo iyaguna ku dooday in wixii jirmi leh oo kali ah ay jiraan "I tus, i taabsii" (*only the physical world exists*)." Haddaba, waxaa jira falaasifo kale oo iyagu is ku dayey in ay heshiisiiyaan labadan qolo iyagoo ku dooday in dunida arwaaxda iyo midda jirmigu ay labaduba jiraan sida uu ku dooday feylasoofkii Jarmalka ahaa ee Lei nitz. Waxaa sidoo kale is-weydiin mudan qaab ceynkee ah ayuu sheygu u jiraan? Ma qaab weedh ama oraah ah? Ma si dhab ah? Xaalad jirta? Qaab tiro ah? Si ruuxi ah? Ama qaab akhlaaq iyo qiyam ah? Mise si yool iyo hadaf ah?

4.4 Micnaha Ahaanshaha

Aristotle boogga 4-aad ee *metaphysics* wuxuu ku dooday in ahaanshuhu dhawr nooc yahay, iyadoo Franz Brentano feylasoofkii Jarmalka ahaa uu ku soo koobay 4 qeybood oo kala ah; 1) Kadis ku ahaaday *Accidental being* 2) Suuragal iyo dhab ah *Potential and Actual being* 3) Run ah *Being true* 4) Nooc gaar ah *Categorie*s.

4.5 Kadis ku Ahaaday

Kadis ku ahaaday waxaa laga wadaa waxa jiritaankiisu ka yimid meel kale ama ka ahaaday, wuxuuna sidoo kale jiritaankiisu ku tiirsanyahay mid jira oo isaga ka horreeyay kaas oo jiritaankiisu u baahneyn wax kale oo isaga ka horreeyay oo ahaanshihiisu ku tiirsan tahay. Tusaale, ka soo qaad in qof lug ka go'day, lugtaas ka maqan waxay la mid tahay in qeyb muhiim u ah jirka bani'aadnka ay ka maqan tahay maxaa yeelay labada lugood waa sifo ama qeyb ka mid ah bani'aadanka nuxurka ahaanshihiisa. Haddana waxaad ka soo qaaddaa in isla ninkaasi uu yahay qof buuran oo cayil badan saaran yahay. Waxaa la oran karaa in baruurtaas ay tahay wax ku soo kordhay jirkiisa balse ayna ka mid aheyn nuxurka jiritaankiisa. Ama haddii si kale loo dhigo cayilku waa wax kadis ah ee ma aha ahaanshihiisa qeyb ka mid ah iyadoo cayilku uu ku baabi'i karo jir dhis ama qalliin. Sidaa awgeed ayaa waxyaabaha kadis ku dhaca *Accidental beings* jiritaankoodu wax kale ku xiranyahay oo haddii waxaas la waayo iyaguna meesha wey ka baxayaan. Laakiin cayil kaligiis meel taagan ma jiri, waa in la helaa wax kale oo uu ku jiri karo.

4.6 Ahaanshaha Suuragalka ah iyo Kan Dhabta ah

Aristotle markii uu ka hadlayay ahaanshaha suuraglka ah iyo kan dhabta ah wuxuu ku dooday in ahaanshaha dhabta ah uu yahay mid ;leh sifooyin iyo fal ay ka muuqato in uu gaaray ka dhabeynta jiritaankiisa. Halka ahaanshaha suuragalka ah uu leeyahay jiritaan dhab ah iyo awood u diyaarsan mustaqbalka in ay dhabowdo. Tusaale ilmo hadda dhashay wuxuu u diyaarsanyahay in uu hadlo mustaqbalka, hase ahaatee awooddaas wali ma adegsan karo, halka hooyadii dhashay ay awooddaas hadalka ay ka dhabeysay. Taasina waa sababta uu Aristotle erey fal *Act-ual* u adeegsaday marka ay timaaddo sheyga in si ficil ah u xaqiijiyay waxa uu yahay *Being in action*. Sida haddaba loo kale fahmo labada ahaansho, midka dhabta ah iyo kan suuragalka ah, waa in la ogaado in ahaanshaha dhabta ah uu ka horreeyo xagga nuxurka iyo sameyska ahaanshaha suuragalka ah.

Marka ay halkan taagan tahay Parmenides wuu ka aragti duwanyahay Aristotle wuxuuna ku dooday aragti dhahaysa; "*Being is, non-being is not*" "Ahuhu wuu jiraa, waxaan jirinna ma ah." Taas oo micneheedu yahay, sifooyinka jirahaasi in uu yahay mid aan dhaqaaqeynin, oo aan is-beddeleynin mar walbana jira. Aristotle aragtidaas wuu khilaafay wuxuuna ku dooday aragtida suuragalka oo ah mid aqbaleysa is-beddelka, dhaqdhaqaaqa, noqoshada iyo baaba'a. Sidoo kale, aragtidan Aristotle waxay saxeysaa khaladka uu Parmenides ka aamminsanaa is-beddelka iyo dhaqdhaqaaqu ay shey aan jirin ka dhigayaan wax jira taas oo uu u arkayay in ay tahay wax aan dhici karin oo mustaxiil ah. Waana mida keentay in Parmenides uu diido ama inkiro in ahuhu uu dhaqdhaqaaq sameeyo *The Immobility of being*. Halka Aristotle uu u arko in ahuhu uu ka dhaqaaqo xaaladda suuragalka ah ee uu hadda ku suganyahay una gudbo xaalad dhab ah *from potentiality to actuality*, sidaa ayuuna ku xaliyay xiriirka ka dhexeeya ahaanshaha iyo noqoshada *Being and becoming*.

4.7 Micnaha Ahaansho Run ah

Feylasoofkii ugu horreeyay ee muhiimadda ay leedahay arrinan muujiyay wuxuu ahaa Parmenides isagoo tibaaxay ahaanshaha runta ah in uu yahay mid leh jiritaan dhab ah oo ka dhigaya waxa uu yahay, halka mid aan jirinna uu yahay wax aan jirin ama aan laheyn jiritaan run ah. Haddii si kale loo dhigo, waa kala saarid lagu kala soocayo waxa si run ah u jira iyo waxa aan jirin. Tusaale, waxaad ku riyootay Gabareymaanyo, mallaay qaarka hore naag uga eg qaarka dhanbana mallaay ka ah. Markii aad hurdada ka soo kacday waxaad aammintay in Gabareymaanyo ay tahay wax jira. Riyadii iyo wixii aad aragtay waxba ka ma jiraan oo waxay ahayd been, waxaa sidoo kale been ah in aad aammintay in wax Gabareymaanyo la dhoho ay jirto. Marka laga hadlayo ahaanshaha runta ah *True being* waxaa iyana jira oraah run ah ama mid been ah oo haddii weedhu ay ka tarjumeyso xaalad run ah hadalkaasi waa run, balse haddii xaalad been ah ay tahay oraahdaasi waa been. Tusaale haddii aan ku iraahdo Gabareymaanyo wey jirtaa, hadalkaasi waa been, kamana tarjumaayo xaalad jirta oo run ah.

4.8 Ahaanshaha Marka Loo Eego Noocyadooda

Aristotle buuggiisa *Categories* wuxuu tilmaamay in ay jiraan 10 nooc oo ahaha la dhihi karo wuu yahay ama inta xaaladood uu markaas ku sugan yahay, waxayna kala yihiin; 1) Nuxurka 2) Tirada 3) Tayada 4) Xiriirka 5) Meesha 6) Wakhtiga 7) Qaabka 8) Lahaanshaha 9) Fal 10) Falcelis. Aristotle wuxuu ku soo koobay 10 xaalad in mid ka mid ah uun uu ahaanshuhu soo hoos galayo, haddii ay ahaan lahayd nuxurka sheyga, tayadiisa, tiradiisa, meesha uu yaallo, qaabka uu u yaallo, waxa uu qabanayo, saameynta i.w.m. Haddii si kale loo dhigo, wuxuu ka hadlay xiriirka ka dhexeeya luqadda maalin walba dadku adeegsado iyo xaqiiqada dunida inagu hareereysan sida ay tahay. Dhanka kale markii aad si fiican ugu dhabbagasho waxaad ogaaneysaa in Aristotle arrinkan uu uga hadlay sidii naxwo ahaan oo kale qaab u eg, in kastoo uu sheegay mowduuca dulucdiisu in uu yahay ahaanshada guud *Being Qua Being*.

4.9 Metaphysics-ka Gaarka ah

Metaphysics-ka gaarka ah wuxuu cilmibaaris ku sameeyaa nooc gaar ah oo ka mid ah ahaanshaha ama wax ka mid ah walxaha jira si loo gaaro xog dheeraad ah oo ku saabsan sheygaas isaga ah. *Metaphysics* gaarka ah wuxuu ku koobanyahay halka iyo sheyga diiradda la saarayo wuxuuna u sii kale qeybsamaa saddex qeybood oo kal ah; 1, Caqiiqada dabiiciga ah. 2, Cilmiga dunida. 3, Cilmu nafsiga bani'aadanka. Waxaa sidan u kala qeybiyay *metaphysics*-ka gaarka ah feylasoofkii Jarmalka u dhashay ee magiciisu ahaa Christian Wolff, halka Immanuel Kant uu isaguna ku soo biiriyay mid afraad oo uu ugu magac daray *metaphsyics*-ka akhlaaqda *Metaphysics of Morals*.

4.10 Caqiidada Dabiiciga ah

Ereyga *Theology* oo luqadda Giriigga ku ah caqiido wuxuu ka koobanyahay labada erey ee kala ah; *Theo* oo ah Alle iyo *Logos* oo ah seynis, iyadoo marka la isku daro ah seyniska jiritaanka Alle (SC). Qeybtan falsafaddu waxay ku magacowday caqiidada dabiiciga ah, *Natural Theology*, waxaana laga wadaa in iyadoo caqliga la adeegsanayo la sugo jiritaanka Alle. Taasi wey ka duwan tahay in la daliishado waxyi, Nabi ama gheyb xagga samada ka yimid si loo sugo jiritaanka Alle. Plato isagu wuxuu ku dooday in ka hadalka caqiidada iyo arrimaha ku saabsan ay tahay shaqada gabyaaga ka dib markii uu arkay in gabayada Homer iyo Hessiod ay si qotadheer uga hadleen ilaahyada *Olympia* iyo khuraafaadka Giriiggii hore. Hase ahaatee Aristotole isagu wuxuu ku tilmaamay caqiidada falsafadda kowaad iyo in *metaphysics*-ku su'aasha ay jawaabta u raadineyso ay ka bilabaabato jiritaanka sida uu yahay *Beign Qua Being*, taas oo micneheedu yahay in si caqiido ah loo faasiro jiritaanka Alle oo aan lagu kaaftoomin in si ahaansho *Ontological kali ah* lagu fasiro. Haddii si kale loo dhigo, Aristotle marka uu ka hadlayo jiritaanka Alle wuxuu ku tilmaamay in uu yahay jiritaanka ugu horreeya uguna sarreeya ee qaab dhismeedka jiritaanka.

Haddaba, si Aristotle uu u aasaaso cilmiga caqiidada wuxuu ka bilaabay sidii dhaqanka u ahayd in uu ogaado mabda'a kowaad *First principle*, sababta kowaad iyo kan wax sababay ee aan sababta lahayn, iyadoo dhammaan sifooyinkan uu leeyahay Alle (SC). Alle waa kan wax abuura oo aan la abuurin, kan wax walba ay ka bilowdaan kuna dhamaadaan. Tani waa midda keentay in Aristotle uu *metaphysics* ku magacaabo falsafadda kowaad *First Philosophy* ayna waajib tahay in ay baarto Alle oo ah jiraha kowaad uguna sarreeya. Sidoo kale, Aristotle wuxuu ku tilmaamay Alle in uu yahay jire aan laga marmi karin *Necessary Being*, haddii isagu aanu jiri lahayn aysan waxba jiri lahayn, waana meeshaas halka uu ka soo qaatay Aristotle sifooyinka uu ku tilmamay in uu leeyahay Alle (SC) oo ay ka mid yihiin, sida in uu Alle yahay nuxur ama *Jowhar* aan *Thaato* jir lahayn. Markuu sidaas leeyahay wuxuu u diidayaa is-beddel iyo halow *Change and Corruption*. Sidoo kale, wuxuu Alle ku sifeeyay in uu yahay caqli ama xikmad *Nous*.

Dhanka kale, markii ay soo if-baxday diinta kirishtaanka culimadii diintaas waxay is ku dayeen in ay heshiisiiyaan falsafaddii Plato, Aristotle iyo kutubadii waxyiga, kadibna la waafajiyo caqliga iyo garashada bani'aadanka. Is ku daygaasi meelo badan waa l;agu guuleystay, balse meelo faradaban oo kalana waa l;agu guuldarreystay. Waxaa isla arrinkaasi mar kale la soo gudboonaaday culimadii Muslimiinta oo dhankooda is ku dayay in ay heshiisiiyaan falsafaddii Plato, Aristotle iyo kitaabka Qur'aanka ah. Is ku daygaasi wuxuu la kulmay guulo iyo fashal badan. Is ku soo duub, sifooyinka

Alle (SC) uu leeyahay waxaa ka mid ah; waaris, dhammaad lahayn, caalim ah, wanaag badan, awood leh, sarreeya, wax walba isaga ku tiirsan yihiin, isaguna aan waxba ku tiirsaneyn.

4.11 Cilmiga Dunida

Cilmiga ama seyniska dunida *Cosmology* waa cilmi-baaris ku saabsan dunida aynu ku noollahay sida ay u sameysan tahay. Cilmigan wuxuu diiradda saaraa wax ka ogaanshaha dabiicadda, asalka iyo qaab dhismeedka dunida. Markii hore bani'aadanku wuxuu dunida ku fasiray qaab khuraafaad ah oo salka ku haya caadooyin iyo dhaqamo soo jireen ah oo ay kala dhaxleen, iyagoo rumeysnaa in awood iyaga ka sarreysa ay dunidan abuurtay. Haddaba falaasifadii Giriigga kuwoodii ugu horreeyay waxay xooga saareen in si seynis ah loo baaro maaddada ay ka sameysan tahay dunida. Tusaale Thales feylasoofkii ugu horeeyay ee Giriigga ahaa wuxuu ku dooday in dunida asalkeedu ay ka abuurantay biyo. Anaximander oo ardaygii Thales ahaa wuxuu ku dooday in asalka dunidu ay ka bilaabatay wax uu ku magacaabay *Apeiron* oo micneheedu yahay wax aan xad lahayn, xilli iyo meel koobi karta lahayn, jir leh, waligiis jiray, aan dhammaad lahayn. Sidoo kale, *Apeiron* malaha wax tayo ah *Qualities*. Malaha midab, ur iyo qiyaas. Malaha qabow iyo kuleyl, mana laha muuqaal nooca uu doono ha ahaado. Waxa kali ah ee lagu magacaabi karo waa in uu yahay jirmi aan qeexid lahayn *Undefined Mas*s. Dhammaan falaasifadii iyaga ka dambeeyay waxay halkaas ka sii wadeen baadigoobka lagu raadinaya asalka dunida waxa ay ka bilibaatay, iyadoo qaar ka mid ah falaasifadaas sida; Democritus, Epicurus iyo Lucretius ay ku doodeen in dunida aan la abuurin waligeedna ay jirtay oo ayna lahayn bilow iyo dhammaad toona.

Wixii intaas ka dambeeyay dooddii asalka dunida waxay is ku badeshay qaab-dhismeedka dunida iyo sida ay u shaqeyso. Ptolemy wuxuu ku dooday in dhextaalka dunidu yahay dhulka, dhulkuna uu fidsanyahay, halka quruxda, dayaxa iyo xiddiguhuna ay dhulka ku dul-wareegaan.

Aragtida ah in dhulku fidsanyahay waxay soo jirtay ilaa laga soo gaaro qarnigii 16aad markaas oo Galileo oo cirbixiyeen u dhashay dalka Talyaaniga uu si seynis ah ku ogaaday in dhulku sida kubbadda oo kale u sameysanyahay, halka isaguna Copernicus oo noolaa qarnigii 15aad kana horreeyay Galileo uu ku dooday in qorraxdu tahay dhextaalka dunida ayna ku dulwareegaan dhulka, dayaxa iyo xiddigaha. Aragtidaas waxaa loo yaqaanaa *Heliocentric Theory of the Universe*, halka arigtada taas ka horreysay oo ay ku doodeen Aristotle iyo Ptolemy loo yaqaano *Geocentric Theory of the Universe*.

Waxaa iyaduna sidoo kale beenowday aragtidii falaasifadii Giriiggii hore oo ku doodeysay in dunidu ay waligeed soo jirtay ayna sii jiri doonta waligeed iyadoo aaney bilow iyo dhammaad toona lahayn. Aragtidaas waxaa si seynis ah u beeniyay cirbixiyeenka u dhashay dalka Belgium-ka oo magiciisa la yiraahdo Georges Lemaitre kaas oo noolaa qarnogaa 20-aad isagoo sheegay in dunidu ay ka bilaabatay qarax hal walxaad ah *Primeval Atom*. Aragidan oo markii dambe loo bixiyay qarixii weynaa *The Big Bang Theory* waxay tilmaameysaa in dunidu ka bilaabatay hal qarax oo dhacay muddo laga joogo 13.7 bilion sano ka hor, iyadoo dunidu ay fideyso taas oo cadeyn u ah in ay dhammaan doonto mustaqbalka.

4.12 Falsafadda Raadraaca Bani'aadanka

Qeybihii hore ee aan ka soo hadalnay dhammaan waxay ahanyeen kuwo bani'aadanku uu baaris ku sameynayo wax isaga ka baxsan, balse qeybtan waxa la baarayo waa bani'aadanka laftiisa waxa baarayana waa isla isaga laftisa. Haddii si kale loo dhigo, bani'aadanka isaga ayaa is diraaseynaya oo rabo in uu wax iska ogaado. Ereyga *Philosophical Anthropology* falsdafada raadraaca iyo *Rational Psychology* waa qeyb ka mid ah *metaphysics* ka gaarka ah, halka labada ereyba ay ka soo jeedaan afka Giriigga . Haddii aan ku horreyno ereyga raadraac *Anthropology* waa labada erey ee kala *ah*. *Anthropos* oo micnihiisu yahay bani'aadan iyo *Logos* oo ah seynis, marka la isku darano ah seyniska bani'aadanka. Sidoo kale, ereyga cilmunafsi *Psychology* waa *Psyche* oo ah maanka iyo *Logos* oo ah seynis, marka la isku darana waxay noqotaa seyniska maanka ama cilmunafsiga bani'aadanka.

Haddaba, falsafadda cilmunafsiga bani'aadanku waxay is ku howshay in ay ogaato bani'aadanku waxa uu yahay, nuxurka jiritaankiisa iyo booska uu kaga jiro qaab dhismeedka jiritaanka si guud ahaan. Sidaa awgeed su'aalaha culculus ee falsafadda cilmunafsiga ay jawaabaha u raadineyso waxaa ka mid ah; 1. Waa maxay jiritaanka bani'aadanka? 2. Jiritaan ceynkee ah ayuu leeyahay? 3. Yoolka jiritaanka bani'aadanku muxuu yahay? Su'aalahaas iyo jawaabohooda waa dulucda falsafadda raadraaca bani'aadanka ay ka hadasho, is kuna daydo in ay wax ka ogaato.

4.13 Gabagabo

Metaphyscs-ku waa asaaska culmi kasta nooca u doono ha noqdee. Waa falsafadda kowaad sida uu Aristotle ku magacaabay *First Philosophy*. Waa cilmi u gogolxaara salkana u dhiga cilmiga seyniska. cilmiga bani'aadanka iyo cilmiga akhlaaqda. *Metaphysics*-ku waa cilmi turxaan bixiya daldaloolada iyo nusqaanta culuunta, iyadoo meelaha ay ka gaabiyeenna dhammeystirta. Sida aan kor ku xusay *metaphysics* waa qeyb ka mid ah falsafadda waxayna ka hadashaa arrimaha la xiriira jiritaanka iyo ahaanshaha si guud oo qayaxan. Waxay si qotadheer uga hadashaa farqiga u dhexeyya jiraha lagama-maarmaanka ah iyo kan suuragalka ah, xiriirka ka dhexeeya maanka iyo jirka bani'aadanka, xorriyada iyo qadarka, waaridda nafta iyo suuragalnimada duni midda ugu fiicaan. Dhanka kale waxay *metaphysics*-ku sharraxaad fiican ka bixisaa farqiga u dhexeeya muuqaalka iyo xaqiiqada, sababta wax u dhacaan, waqtiga iyo goobta, mandiqa *Logic* iyo asalka xisaabta waxa uu yahay. In kasta oo cilmiga *metaphysics* uu qarnigii 20-aad la kulmay dagaal iyo weerar fara badan oo xitaa keenay in su'aal la is ka weydiiyo qiimaha iyo baahida loo qabo *metaphysics*-ka, haddana waxtarka uu leeyahay cilmigan ayaa ka dhigtay mid wali nool oo aan sinaba looga maarmi karin, iyadoo inta su'aalaha ku saabsan jiritaanka iyo nolosha aysan ku fooganeyn cid kale iyada mooyaane.

CUTUBKA 5
FALSAFADDA SUUGAANTA

FALSAFADDA SUUGAANTA

Falsafadda suugaanta ama, *Philosophy of Art*, waa qeyb ka mid ah falsafadda oo muhiim u ah nolosha bani'aadanka, iyadoo booska ay ku jirto wax kale oo buuxin kara aysan jirin. Sooyaalka taariikhda bani'aadanka waxaa ku cad in bulsho walba ay lahayd walina leedahay suugaan ay noloshooda ku cabbiri jireen heerka ay doonta ha la ekaatee. Qaabka iyo nooca ay dareenkooda ku muujin jirtay bulsho walba waxay isugu jiraan; farshaxan, taallo, gabay, naqshadeyn iyo muusik, iyadoo mararka qaarna lagu daro qeybo kale sida; jilidda, qurxinta, qoob ka ciyaarka iyo dhireynta. Haddaba su'aasha is-weydiinta mudan waxay tahay, maxaa keenay in qiimaha intaas la'eg bani;aadanku siiyo suugaanta? Su'aashaas iyo jawaabaha laga bixiyay waxay dib ugu noqoneysaa muddo haatan laga joogo 2,000 oo sano ka hor markaas oo falaasifadii

Giriigga sida Plato iyo Aristotle ay dood falsafadda suugaanta ah dhidibbada u dhigeen. Wixii intaas ka dambeeyay falsafadda suugaantu waxay noqotay cilmi goonidiisa u taagan oo lagu daraaseeyo goobaha waxbarashada.

Sidaas awgeed cutubkan waxaan ku soo bandhigi doonaa doodaha ku saabsdan falsafadda suugaanta iyo heerarka ay soo martay, waxaana ku soo gababageyn doonaa booska gabaygu uu kaga jiro suugaanta Soomaalida, innagoo tusaale u soo qaadan doonna gabayga abwaan Timacadde ee "Dugsi male qabyaalad" sida uu gabyaagu u cabbiray dareenka qalbigiisa ka guuxayay si xanuunka haya uu dadkiisa ula qeybsado.

5.1 Qeexidda Ereyga Suugaan

Ereyga suugaan *Art* asalkiisu wuxu ka soo jeedaa afka *Latin*-ka, iyadoo ereyga micnihiisu yahay xirfadle ama farsamayaqaan *Craft*. Hase ahaatee falaasifadii hore ee Giriigga waxay u yaqaanneen qof walba oo farsamayaqaan ah *Arts* ha ahaado; gabyaa, kabatole, farayaamo, taallayahan, farshaxanle iyo guri-dhise intaba waxay ku magacaabi jireen *Artisan* farsamayaqaan. Waxaa xusid mudan in falaasifadii hore ee Griiga qaar ka mid ah ay ahaayeen gabyaa, waxaana loo yaqaannay falaasifadii gabyaaga ahaa *Philosophical Poets*.

Haddaba, haddii aan ku bilowno Plato aragtida uu ka qabay farshaxanka waxaa durbadiiba kuu soo baxaya in uu weerar adag ku qaaday farshaxanka si guud, isagoo gabayga si gaar ah u cambaareeyay. Haddii aad eegto buugga jamhuuriyadda *Plato's Republic* ee doodda Ion iyo Socrates waxay ku saabsan tahay gabyaaga, wuxuuna Socrates ku eedeeyay gabyaagu in uu ka hadlo; 1. Wax aanu aqoon u lahayn. 2. Gabyaagu in u yahay qof miyirkiisu maqanyahay marka uu gabyayo. 3. Gabyaagu in uu dareenka dadka ku ciyaaro isagoo mar ka careysiiya, mar ka farxiya, ka oohiya, marna ka qosliya. 4. Iyo in gabaygu yahay hibo ee aanu ahayn xirfad la baran karo. Eedahaasi waa midda sababtay in Plato jamhuuriyadiisii mala-awaalka ahayd ee uu dhisay uu ka cayriyay gabyaaga oo aanu boos ku lahayn. Tiiyoo aynu cutubkii hore ee aqoonta iyo sida lagu kasbado kaga soo hadalnay in Plato aqoonta tan ugu hooseysa uu ka dhigay farshaxanka *Art*.

Balse Aristotle isagu wuu ka aragti duwanaa Plato marka laga hadlayo farshaxanka. Aristtotle wuxuu ku dooday in farshaxanku yahay is ka yeelyeel *Imitation* bani'aadanku ku soo bandhigayo dareenka gudijiisa ku jira iyo xiriirka uu la leeyahay dunida ku hareersan. Matalaadaasi waxay noqon kartaa; gabay, farshaxan, taallo, nashaqadeyn, muusik iyo hal-abuurka suugaanta si guud. Si gaar ah Aristotle wuxuu ku boorriyay gabyaaga intii karaankiisa ah in uu is ku dayo soo bandhigista sawrika dhabta ah ee nolosha laga bixin karo kaas oo ka tarjumaya xaqiiqada jirta. Haddaba si gabyaagu sawir dhab ah uga bixiyo nolosha waa inuu soo bandhigo gabyaagu hibadiisa ama xirfadiisa midda ugu wanaagsan si dadku marka ay arkaan ama ay maqlaan ay u jecleystaa una mahadiyaan shaqadaas quruxda badan. Aristotle buuggiisa *Poetics* wuxuu farshaxanka ku tilmaamay in uu ka nadiifiyo nafta bani'aadanka dareenka xun ee ku jira. Wuxuu si gaar ah u xusay labada dareen ee kala ah cabsida iyo la murugooshada qof dhibban *Fear and Pity*. Aristotle wuxuu ku dooday in farshaxanku uu dawo u yahay cudurro badan oo nafta bani'aadaka ku dhaca. Aristotle wuxuu ku soo gabagabeeyay in farshaxanku yahay mala-awaal dhadhan sare leh kana hadla quxurda, akhlaaqda iyo xaqa si looga baxo nuqsaanta nolosha loona gaaro nolol fiican oo dhammeystiran. Aragtiyada Aristotle ee farshaxanka waxay saameyn weyn ku reebtay gabi ahaan qeybaha kala duwan ee farshaxan oo ilaa xilligan la joogo la adeegsado.

5.2 Falsafadda Suugaanta Soomaalida

Waxaa jira buug uu qoray professor B W Andrzejewski oo ku saabsan falsafadda suugaanta Soomaalida oo cinwaankisu yahay *An Anthology of Somali Poetry*, wuxuuna suugaanta Soomaalida u qeybiyay 4 xilli oo uu ku sheegay in ay kala yihiin;

1. Xilligii dahabiga ahaa *Golden Era* oo ah intii ka horreysay gumeysiga reer galbeedka ee Ingiriiska, Faransiiska iyo Talyaniga inta ayna qabsanin waddanka Soomaaliya.
2. Xiliigii is ka caabinta iyo xornima u dirirka *The Era of fire and Embers* oo ka warrameysa suugaantii la tiriyay markaas.
3. Xilligii kabanka cuudka *The Era of The Lute* oo ka bilaabaneysa dhammaadkii dagaalkii 2aad ee dunida markaas oo is-beddello waaweyn oo dhanka siyaasadda iyo bulshada ah ay ka dhacayeen dunida oo idil.
4. Iyo xilliga cusub *The New Era* oo ka bilaabmeysa wixii ka dambeeyay markii xorriyadda la qaatay 1960-kii ilaa 1970s.

Haddaba, haddii aan eegno hoos u dhicii ku yimid afka Soomaaliga si guud iyo suugaanta si gaar ah, waliba gabayga, waxa uu ahaa markii gumeysigu uu luqadiisa ka dhigay midda rasmiga ah ee maamulka, waxbarashada iyo warfaafinta loo adeegsado. Waxaa intaas ka sii daran afka Soomaaliga oo aan wali la qorin xilligaas taas oo keentay in hoos u dhac weyn ku yimaado afka Soomaaliga. Wixii ka dambeeyay xorriyadda waxaa soo ifbaxay jiil hoggaamiyayaal ah oo aan wax hortabin ah siinin afka Soomaaliga kuwaas oo ku faani jiray ku hadlista luqadaha gumeusiga sida; luqadda Ingiriiska, faransiiska iyo Talyaaniga.

Xilligaas waxaa sidoo kale dalka ragaadiyay khilaafaad siyaasadeed iyo mid dhaqan kuwaas oo saameyn weyn ku yeeshay hoos u dhaca hal-abuurka fanka iyo suugaanta. Astaamaha ugu waaweyn ee la dhihi karo gabaygan ama heestan waxaa la tiriyay xilligii burburka iyo dib-u-dhaca suugaanta waxaa ka mid ah;

- Isku dayasho ama kala amaahansho ereyada gabayga, haddii si kale loo dhigo hal-abuur la'aan.
- Ka badbadinta ereyada wax qurxiya oo meelaha lagu cufo ama lagu buuxiyo, iyada oo aan wax micno ah la soo kordhin. In kastoo ereyada wax qurxiya suugaanta loo adeegsado, haddana marka gabyaagu uu yool ka dhigto ereyada noocaas ah halkii micnaha xoogga laga saari lahaa waxay keentaa qiimo beel iyo liidasho ku dhaca murtida uu xambaarsanyahay gabayga.
- Marka ereyada abwaanku adeegsanayo ay noqdaan kuwa dadka caadiga ah ay maalin walba adeegsadaan oo aan lahayn nuxur qotadheer, iyaduna waa calaamadaha lagu garto hoos u dhaca suugaanta
- Marka suugaantu aysan ka tarjumeynin xaaladda ama dareenka bulshada ee markaas taagan. Tusaale, hooyo u ooyeysa cunug ay dhashay oo ka dhintay iyo ruux lacag lagu siiyay in uu baroordiiq sameeyo ma is ku mid baa dareenka ay cabbirayaan? Waa maya
- Iyo marka suugaanta loo adeegsado borobagando lagu ammaanayo dadka awoodda xukunka gacanta ku haya.

Marka aad eegto xilliga aan ka hadleyno ee ah gumeysiga iyo niyad jabkii Soomaalida ka qabsatay xorriyadda iyo sidii loogu hungoobay ka dhabeynta ujeedooyinkii loo soo halgamay, waxaad arkeysaa in gabayga abwaan Timacadde ee "Dugsi male qabyaalad" waxa uu uga duwanyahay kuwa kale ay tahay in uu cabbiray sawirka guud ee dib u dhaca iyo burburka dhan walba ah ee ku dhacay ummadda Soomaaliyeed inta uu la'egyahay. Dhanka kale, gabayga marka aad eegto waxaa laga helayaa dhammaan calaamada aan kor ku xusay ee ah in la tiriyay xilli fanka iyo suugaanta Soomaalida uu hoos u dhac ku yimid. Tusaale, gabaygu wuxuu ka hadlayaa xaalad jirta oo dadka oo dhan ay dareemayaan. Gabyaagu wuxuu dadka la wadaagay xanuunka caadifadda leh uu dareemayo. Ereyada gabayga ku jira waa weedho ama ereyo caadi is ka ah oo dadku wada garanayaan. Gabayga ku ma jiraan wax hal-abuur ama khayal ah. Haddaba, si aan u soo bandhigo qiimaha gabayga iyo farriinta uu xambaarsanyahay waxaan ku soo koobay sheeko mala-awaal ah oo aniga iyo abwaan Timacadde ina dhexmartay oo u dhacday sidan.

5.3 Sheeko Mala-awaal ah oo Aniga iyo Abwaan Timacadde na Dhex Martay.!

Faarax waxaa la soo gudboonaatay guuldarro aad u weyn. Waxaa ka muuqata duruuf dhan walba ah. Waxa uu kolba eegayaa dhinac. Maankiisa madhan ee eberka ah ayaa si dagan uga fekeraya dhibaato xalkeeda aanu garaneyn.

Degmada uu ku noolyahay hadda waa xilli jilaal ah. Kuleylka qorraxda ayaa wajigiisa ka dhigtay madow ku dahaaran diirka sare ee maqaarka wajigiisa. Jirkiisu wuu engagay oo wax qoyaan ama dhidid ah ma leh. Dhabannada iyo indhihiisa godan u ma sii adkeysan karaan milicda aadka u kulul. Waa 35 jir waxaadse mooddaa 15 jir, waxaa isugu darsamay baryari uu u dhashay iyo nafaqo-darro ka dhigtay xiito khafiif ah oo aan tabar lahayn oo miisaankiisu yar yahay. Balse duruufta uu ku suganyahay ma aha mid isaga kali ah ku kooban ee waa mid soo jireen ah inta uu xusuusto ilaa yaraantiisii.

Faarax se hadda waxa kali ah ee u muuqda waa dhibta isaga haysata. Haddii uu is ku dayi lahaa in uu ogaado waxa ka jira deegaanka uu ku noolyahay wuxuu arki lahaa baaxadda ay leedaha duruufta ka dhalatay dagaallada iyo abaaraha is xigxiga ee ka jira degmadiisa iyo gabi ahaa gayiga Soomaalidu degto.

Calaamadaha burburka ku dhaca ummadaha waxaa ka mid

ah; in ay soo bataan dadka baahan ee duruuftu hayso. In dadka madaxda ah ay hantida shacabka boobaan. In qabyaaladda iyo dowladimadu is ku milmaan. In siyaasaddu noqoto meel lagu daneysto ee aan danta guud looga shaqeynin. In qorsho la'aan iyo jahawareer lagu jiro. In beenta iyo runta la kala garan waayo. In ay soo bataa dadka is caleema-saara ama is ku magacaaba wax aaney ahayn. Waxaa is ku qasma wixii ay aheyd in la kala sooco. Waxaa bata cabsida, dadkuna waxay magansadaan qabiilkooda. Waxaa soo if-baxa waxyaabo la yaab leh, waxaana faafa wararka beenta ah. Walaalku wuxuu noqdaa cadow, cadowguna walaal. Waxaa kor noqda codka dulmiga, waxaana la waayaa codka caddaaladda iyo xaqa. Waxaa fagaarayaasha ka soo muuqda wajiyo ku shaki galiya, waxaana la waayaa wajiyo daacadnimo ka muuqato. Riyooyinkuna wey dhamaadaan, rajaduna wey dhimataa. Waxaa hayaama oo waddanka isaga taga wax garadka. Dadka intiisa kalana waxay is ku diyaariyaa safar. Waddankuna wuxuu is ku baddelaa boosteejo ah goob laga safro. Qof walibana waxaa u cadaata in ayna harin wax dambe oo la sii sugo. Sidaas ayeyna ku baaba'aan kuna dayacmaan dadka, dalka iyo diintu.

Tani waa hordhac sheeko mala'awaal ah oo dhexmartay aniga iyo abwaan Cabdullaahi Suldaan Timacade. Sheekada dulucdeeduna waxay u dhacday sidatan;

Abwaan Timacade; Waxaad iiga warrantaa xaalka dadka Soomaaliyeed waxa ay ku sugantahay iyo gayiga ay degto si guud ahaan.

Nuradin; Abwaan haddii aan kaaga warramo si guud ahaaneed Soomaalida xaalka ay ku sugantahay iminka waa sidan;

- Waxay noqdee dowlad burburtay
- Qolo walibana calan iyo dowlad gooni ah
- Colaad iyo abaaro is dabajoog ah

- Tabardaran cadowgeedana u kala dhuunta
- Dad, dal iyo diintii burburiyay

Waxay noqdeen tusaale xun oo dunidoo dhammi ku sheekeysato.

Abwaan Timacade; Soomaaliday dayaay wanaag idinka doorsoonye. Docda bari, dorooriga baddiyo Seylac deriskeeda. Dusha koonfureed iyo ilaa wabiga daaciisa Degmadeena oo idil haddaan dayey abwaankeeda. Nimaan duubiyadu naafo noqon deelka laga waaye.

Waan sii sheegay foolxumada ka soo socota Soomaali, ma sidii ayey wali ku sugan tahay?

Nuradiin; Wixii markii aad tirineysay gabayga kaaga muuqday Soomali meel walba oo ay degto waxaad mooddaa in ay dhab noqotay saadaashaadii. Wanaagga xumaanta ayey ka doorbiddaa. Haduu yahay geel jire, beeraley ama jillaabto/kallumeysato xeebta ku nool waxba is ma dooriyaan. Sidoo kale, waa is ma dhaanto iyo dhasheed, kuwooda jaahilka ah iyo kuwa is ku sheega in ay yihiin aqoonyahan, oday dhaqameed, siyaasi iyo culimo.

Abwaan Timacade; Dul iyo hoosba waan ugu dhigay waa dix-dhagaxeede. Anuunbaa damqanayee dhaguhu u ma daloolaane. Dadkaan la hadlayaa baan lahayn dux iyo iimaane. Bal inay dalfoof tahay caqliga dooni laga saaray. Wixii hore u soo daashaday bay degashanaysaaye

Caqligii ma u soo noqday mise wali wuu ka maqan yahay?

Nuradiin; Horta abwaan anigu ma ahi gabyaa, balse waxaan bartay cilmiga falsafadda, waxaan se kula wadaagaa damqashada iyo murugada. Haddii aan kaaga jawaabo su'aashaada, Soomaalida waxaad ku sheegtay in ay tahay;

- Dix dhagaxeed
- Dhaguhu u ma daloolaan
- Aan laheyn dux iyo iimaan
- Dalfoof madhan in ay tahay
- Caqliga dooni laga saaray

Haddii Soomaalidu ay ka maran tahay inta aad sheegtay, bani'aadankuna uu ka koobanyahay seddex qoyb oo kala ah; caqli, cudud iyo calool, haddii caqli lawaayo wax rajo ah oo ay leeyihiin ma jiri kartaa?. Haddii aan indho falsafadeed ku eegana Soomaalidu ma aha dad jira. is-weydiiya dadow; qof dalfoof ah oo ka maran *Dux* macaanka bani'aadanimada, *Caqliga* dooni laga saaray ka maran caqliga oo ah waxa bani'aadanku kaga gaddisanyahay xayawaanka, aan lahayn *Iimaan* ka celiya waxyaabaha xunxun, sow ma noqon *Dix* dhagaxeed ka sii hoos-maray xayawaanka? Caqligu u ma soo noqon sidii ayuuna wali uga maqanyahay abwaan.

Abwaan Timcade; Doc hadday u wada jeedsatooy dhowrto danaheeda. Ooy duul walaala ah tahooy duunka ka heshiiso. Dadka ka ma yaraateene ways dabar jaraysaaye. Dubbe madaxa ways kala dhacdaa daa'in abidkiise. Goortay is wada dooxatay baa daad u soo geliye.

Dagaaladii iyo colaadihii aan ku ogaa ma sidii bey u wadaan?

Nuradiin; Waxaa burburay walaalnimo iyo Soomaalinimo. Waxa la is ku hayo waa adduunyo ee aakhiro ma aha. Qaabkii xukunka dowladnimada iyo kheyraadka dalka loogu heshiin lahaana ma hayaan. Xal waxay moodaan in la is dilo oo dubbe madaxa la is kala dhoco. Sidii iyadoo is ku dilaya ayaa daad u soo galay, daadkaas oo ah; dowlado shisheeye iyo argagixiso caalami ah. Jawaabtii oo kooban abwaan, Soomaalidu wey diidday dowladnimo, weyna diidday is ku duubni.

Abwaan timacade; Ubadkiinii waad daadiseen waana dubateene. Dubaaxdiisii waad wada cunteen duhur dharaareede.

Jiilka soo korayay iyagu xaalkooda iiga waran, aafada qabyaaladda ma ka badbaadeen?

Nuradiin; Waxaad mooddaa inaad sii ogeyd xaalada ay ku suganyihiin jiilka Soomaaliyeed ee ku nool dalka gudihiisa iyo daafaha dunida. Dhalinyarada Soomaaliyeed waxay ku daataan badaha iyagoo tahriib ah. Da'yar kalana intii wajiga loo duubay oo is dila lagu yiri ayaa is miidaamin loo diray. Jiilkii soo korayay xaalkoodu meeshaas ayuu marayaa abwaan.

Abwaan Timacade; Dariiq toosan Soomaaliyey waa lagaa dedeye. Darajada Ilaahay ninkii doonayaa hela e. Nin ka duday distoorkiyo waxyiga diintii ka carrowye.

Dugsi malaha qabyaaladi waxay dumiso mooyaane Wali ma sidii bey qabyaaladii u dugsadaan?

Nuradiin; Dugsasho wey dhaaftay hadda, waxayba ku soo dhiseen dowladnimada 4.5 shir Carta Jibuuti ka dhacay 2,000 oo waliba gaar ahaan kuwoodii sheeganayay aqoonta, dhaqanka iyo culimo diimeedka una badan bulshada rayidka, iyagoo ka arkayay shirka fursad awoodda dalka ay ku heli karaan is kuna caleema saaray madashaas.

Waxay abuureen *Fiqh Al-Tharuura* siyaasadda bakhtigeeda u banneeyay dadka sida qofka halista ugu jira in uu gaajo u dhinto bakhtiga cuniddiisa ugu bannaantahay si naftiisa loo badbaadiyo.

25 sano ka dib qaabkii 4.5 waxay sii dhashay wax Federaal dowlad gobaleedyo la dhoho oo sidii tusbax go'ay ka dhigay dadkii iyo dalkii Soomaaliya. Labadaas arrimoodba hadda waxay qarka u saaranyihiin burbur, maadaama sidii aad horay uga digtay aaney dugsi lahayn qabyaaladi waxay dumiso mooyaane.

Xalku hadda gacantooda ku ma jiro ee waa la maamulaa. Walina ma garan dariiqa toosan, dastuurka iyo sharcigana ku ma dhaqmaan. Waa dad fowdo ku nool iyo meel aan qaanuun ka shaqeynin. Diinkii wey ka carraabeen, darajo Alle-na ma rabaan. Waddanka oo dhan wuxuu is ku baddelay xarumo cilaaj lagu Qur'aan saaro dadka dhimirka la' iyo mucaskaraad lagu tababaro argagixisada.

Abwaan Timacade; Hadaynaan xumaantiyo dilkiyo daynnin kala qaadka. Dibaddaan ka joognaa sharciga daacadda ilaahe. Danbarkeedu waa Jahannama iyo dogobkii naareede. Dir dir la isu laayiyo intaan weerar daba joogno. Ooy dumarku weerkii sitaan danabadii waayey. Uu sida dureemada u yaal meydku dibaddiinna Wallee doogsan maysaan haddaad dunida joogtaane.

Sow rafaadka iyo darxumada sidii u ma hayso?

Nuradiin; Dalka oo dhan dagaallo ayaa ka socda. Waa meel haatan la is ku hor fadhiyo iyo meel uu wali ka holcayo. dagaalladaasi waxay leeyihiin wajiyo kale duwan, tiiyoo jahanamadii aakhiro aan wali la gaarin ayey Soomaalidu ku jirtaa cadaab adduunyo.

Qofka ka shaqeeya xumaanta, is ku dirka iyo kala qoqobka ayaa ah kan loogu dhageysiga badanyahay ee meelwalba laga soo dhaweeyo. Natiijada ka dhalatayna waa in meydku dariiqyada daadsanyahay oo dumarka iyo carruurtuna ilmadu ka qubaneyso. Is ku soo duub, Soomaalidu ku ma noola nolol qiima leh xaalkooduna wuu ka sii darayaa intii adiga kaa dambeysay oo manta laga joogo nus qarni 52 sano.

5.4 Sharraxaad Falsafadeed ka Bixin Gabayga

Haddii aan is barbar dhig ku sameeyo abwaan Cabdullahi Suldaan Timacadde (1920-1973) iyo feylasoofkii gabyaaga ahaa ee Giriigga Parmenides (540 BC) waxay is ka shabahaan dhowr meelood oo kala ah;

- Parmenides gabaygiisa *On Nature* (dabiicada) wuxuu is ku dayay in uu ku xaliya dhibaatada khuraafada Giriigga, *Greek Mythology,* dhaawaca ay u geysatay caqliga dadka Grigiiga iyo muranka ma dhaleyska ah ee ku dhisan khiyaanada iyo beenta *Sophistry* Safsada dhibta ay u geysatay siyaasada.
- Wuxuu ku dooday, haddii labadaas dhibaato ee khuraafada iyo af-miishaarnimada *Mythology and Sophistry* laga xoreeyo caqliga bulshada Giriigga ah in ay suuragal tahay in la gaaro aqoon iyo dhismo dowlad wanaagsan,
- Dhaliisha gabayga Parmenides oo lagu dhigi jiray goobaha waxbarashada wuxuu u gogol xaaray soo if-bixitaankii falsafadda Grigiiga *Greek Philosophy* iyo ilbaxnimadii ka dhalatay horumarkii dhanwalba ahaa ee ay gaareen bulshadii Giriigga xilligaas oo loogu yeero casrigii dahabiga

ahaa ee Giriigga.
- Sidaas si la mid ah, abwaan Timacadde gabaygiisa "Dugsi ma leh Qabyaalad" wuxuu ku dooday in qabyaaladdu afduubatay caqligii Soomaaliyeed oo inta ay garbaduub u xidhay doon ka sameysan qabyaalad ku qaadatay. Ummad caqligu ka maqanyahay waxa ka soo harayna uu yahay qolof madhan wey adagtahay in ay curiso aqoon dhanka seyniska iyo siyaasad dhanka dowladnimada ah.
- Sidoo kale abwaan Timacadde wuxuu ku dooday, haddii caqliga Soomaalida laga xoreeyo qabyaaladda *Soomaali Mythology* in ay noqon karto ummad leh caqli shaqeynaya oo curin kara xal iyo cilmi ku dhisan aqoonta nolosha iyo siyaasad keeni karta dhismo dowlad casri ah.
- Labadan gabyaa xilliyadii ay noolaayeen iyo bulshooyinkii ay ku dhex noolaayeen waxay ahaayeen dadyow dagaallo sokeeye iyo kuwo cadow dibadda ah ay baabi'iyeen. Waxay u arkayeen halka ugu habboon ee xalka ummada laga bilaabi karo in ay tahay in marka hore dhanka caqliga laga xoreeyo. Marka caqligu hagaago in isagu uu xalka ugu wanaagsan u raadin karo dhibaatooyinka kale ee nolosha bulshada la soo darsa.

5.5 Soomaaliya Sidee Ayey ku Sameysantay?

Soomaalida waxaa lagu tilmaamaa in ay tahy dad dhinac walba is ku mid ka ah. Waa bulsho is ku af, midab, dhaqan, diin iyo asal wadaaga. Heybtaasi waa mid sameysantay muddo qarniyo ah ilaa haatanna wali socota. Dooddii ugu dambeysay ee maalmahan baraha bulshada qabsatay waxay aheyd, qabiilka Jaarsada la yiraahdo ee degta Jigjiga iyo nawaaxigeeda ma Soomaalibaa mise waa Oromo?

Sida uu ku dooday Professor Siciid Sh. Samatar buuggiisa

Somalia; A Nation in Search of a State oo ay wada qoreen isaga iyo Dr. David Laitin, waxay ku tilmaameen in Soomaalidu tahay dad is ku mid ah, balse wali baadigoob ugu jira dowladdii mideyn lahayd. Taasi waxaa ka soo horjeeda dalka Itoobiya oo ah dowlad balse dadkeedu ay yihiin qowmiyado kala duwan, *State in Search of a Nation,* dowlad baadigoob ugu jirta sidii ay ku abuuri laheyd dad is ku hayb ah.

Baadigoobkaasi ah sidii lagu heli lahaa dowlad ay ku mideysanyihiin dadka ku hadla afka Soomaaliga waxa uu la kulmay caqabada farabadan. Caqabadahaasi in laga gudbo ama lagu guuldarreysto waa qaabka ay ku sameysmaan ama ku burburaan dowladaha sida uu ku doodayo taariikhyahankii weynaa ee u dhashay dalka Ingiriiska, Armold Toynbee. *Challenge and Response.* Ummad kasta jiritaankeedu wuxuu sii socon karaa inta ay nooshahay rajada ay ka qabto in mar uun fursad dahabi ah la heli doono haddii is ku dayga aan laga quusan. Taariikhda Soomaalida Islaamka ka hor Soomaalidu waxay caqabad weyn oo jiritaankeeda halis galiyay kala kulantay boqortooyadii Aksum ee Itoobiya oo qarnigii 4aad AD ka dib Nabi Ciise (NNKH) qabsatay boqortooyadii Kush oo isir ahaan Soomaalidu ka soo jeeday iyo burburkii boqortooyadii Faraaciinta Masar 30 BC dhalashadii Nabi Ciise ka hor oo ay boqortooyadii Romanku qabsatay. Waxaa halkaas ku wiiqmay xiriirkii millatari, ganacsi, dhaqan, diin iyo diblomaasiyeedkii ay Soomaalidu la lahayd boqortooyadii Faraaciinta Masar. Negus-kii xilligaas ka talinayay Aksum ee magaciisa la oran jiray Ezana markii uu arkay tabardarrida ka muuqata qowmiyadaha ku hareereysan wuxuu canshuur ku soo rogay Soomaalida iyo dhowr qowmiyad oo ka soo jeeda Kushetik.

Caqabaddaasi waxay Soomaalidu kaga gudubtay markii ay Islaamka qaateen oo ay wiiqantay boqortooyadii Aksum ee ka talineysay geeska Afrika. Ka dib waxaa is xigay caqabado kale oo ay ugu weynaayeen;

- Boqortooyadii Abyssania (1270 ilaa 1974) Itoobiya ka talineysay weeraradii ay Soomaalida ku soo qaaday oo dhammaantood la is ka caabiyay.
- Dagaaladii reer Galbeedka iyaguna waxay ku soo idlaadeen guuldarro Soomaaliduna waxay gaareen xorriyad sandku markuu ahaa 1960.

Dalka dunida maanta looga yaqaanno Soomaaliya sidaas ayuu ku sameysmay. Caqabadihii soo foodsaaray dadkaasi iyo sidii ay kaga gudbeen. Dowladdaas cusub calankeedu waxa uu ka tarjumayaa dadka uu matalo iyo in wali hadafkii Soomaaliweyn aan laga salgaarin oo uu wali qabyo yahay.

5.6 Sidee ku Burburtay Soomaaliya?

Sida uu ku dooday Arnold Tiynbee, guulaha iyo horumarka ummadi gaadho waxay ka yimaadaan koox yar oo hal-abuur leh, *Creative Minority*, kuwaas oo aan ku dhex milmin is-dhexyaaca iyo jahawareerka bulshadu ku mashquulsantahay. Ujeeddada ay dadka uga dhex bexeenna waa in ay si qoto dheer uga fekeraan xalka dhibaatooyinka haysta bulshadooda. Marka ay xalka dhibaatad helaanna waxay dib ugu soo laabtaan dadka oo ay ololе wacyi galin ah ka dhex bilaabaan, iyagoo dadka ku qancinaya aragtidooda. Kooxdan fara-ku-tiriska ah waxay marka dambe noqdaan kuwa hoggaamiya is-beddelka waddanka ka dhaca. Muddo ka dib marka ay hoggaanka u hayaan bulshada waxaa ka dhammaada hal-abuurka waxayna ku dhex milmaan bulshada. Ka dib bulshada ayaa kala noqota kalsoonidii ay ku qabeen. Waxay qubaan oo ay nacaan fikradihii ay kaga deydeen hoggaankooda, sidoo kale waxaa burbur ku yimaadaa midnimada iyo hadafka guud ee dadka iyo kooxdaas yar ka dhexeeya.

Waxaa xoogeysta qabyaaladda iyo is-kala qoqobka oo halkii qofku uu ka sheegan lahaa Soomaalinimo uu ka doorbido sheegashada qabiilkiisa. Haddii markaas la waayo koox yar oo hal-abuur leh oo xallisa dhibaatada ragaadisay Soomaalida waxaa la gaaraa quus ah in ay dhimatay riyadii Soomaali wax walba wadaaga oo baadigoob ugu jirta dowlad mideysa. Marka quusta la gaaro dadku waxay xalka ka raadiyaan meel aanu ka jirin; sida in qabyaaladda la dugsado iyo in qabiil walba dowlad iyo calan sameysto. Xilligaas marka lagu jiro waxaa cirka is ku shareera cabsida, qabiil walbana wuxuu dabada la galaa godkiisa ama deegaankiisa, si uu naftiisa uu u badbaadsado. Intaas ku ma ekaato ee waxaa bata kala shakiga iyo is-qoonsiga. Waxaa dhacda in wax yar oo aan sidaa u sii weyneyn ay keento dagaallo lagu hoobto oo qabiillada ka dhex dhaca. Markii aan la iman weynay karti iyo aqoon aan ku kala wadno dowmladnimadii gumeystaha aan ka dhaxalnay Soomaliya waxay gashay casrigii mugdiga, *Dark Ages,* iyo dadkii oo is ku baddalay dugaag duur joog ah. Waxaana suuragal ah in aan la saadaalin karin Soomaaliya halka ay ku dambeyn doonto mustaqbalka dhaw haddii aan xal loo helin dhibaatooyinka hor yaalla ee jiritaanka dowladnimada Soomaaliya halsita ku ah.

KU SAABSAN QORAAGA

Nuuradiin Askar Ibraahin waa aqoonyahan, qoraa iyo siyaasi ku nool dalka Ingiriiska. Wuxuu waxbarashadiisa jaamacadeed ku qaatay isla dalka Ingiriiska. Wuxuu ahaa aasaasihii xisbi-siyaasadeedka la magacbaxay Xisbiga Federealka Soomaaliya, sannadku markuu ahaa 2013, wuxuuna noqday guddoomiyihii ugu horreeyay ee xisbiga. Wuxuu kaloo ahaa aasaasihii iyo CEO-ga Qaranyahay-Statesman Consultancy and Thinktank, sannadku markuu ahaa 2023.

Nuuradiin Askar wuxuu qoray maqaallo iyo daraasado fara badan oo ku qoran afafka Soomaaliga, Ingiriiska iyo Carabiga. Qoraalladaas kuwooda ugu caansan waxaa ka mid ah; "Critique of Somali Mentality, The Parasitic Leadership of Somalia" iyo buuggan dhawaatan la daabcay ee *Sahmin Falsafad Soomaaliyeed*.

TIXRAAC

1. Oswald Spengler (1936) *The Decline of the West*. Translated by Alfred A. Knopf, New York.

2. I. M. Lewis (1961) *A Pastoral Democracy*. Oxford University Press.

3. Harold Nelson (1982) *Somalia: A Country Study*. Third Edition, Library of Congress. Said Samatar & David Laitin (1987) Somalia: A Nation in Search of a State. Avalon.

4. I. M. Lewis (1965) *A Modern History of Somalia: Nation and State in the Horn of Afrika*. Westview Press.

5. Abwaan Axmed Ismaaciil Diire (1964) Gabaygii Isma Doorin. [Online] Available at: https://www.farshaxan.com/Gabayaa/Qaasim.html

6. Abdi Ismail Samatar (1997) "Leadership and Ethnicity in the Making of Afrikan State Models: Botswana Versus Somalia." *Third World Quarterly*, Vol. 18, No. 4, pp. 678–707.

7. Abdurahman Abdullahi Baadiyow (2020) "Somali Elite Political Culture: Conceptions, Structures, and Historical Evolution." A Peer-Reviewed Academic *Journal for Somali Studies*, Vol. 5, pp. 30–92.

8. USAID (2010) "Tribalism, Governance, and Development." [Online] Available at: https://www.msiworldwide.com/sites/default/files/additional-resources/2018- 11/Tribalism%20Governance%20and%20Dev%202010.pdf (

9. UNHCR (2009) "Clans in Somalia." [Online] Available at: https://www.refworld.org/pdfid/4b29f5e82.pdf

10. Ken Menkhaus (2018) "Elite Bargains and Political Deals Project: Somalia Case Study." [Online] Available at: https://assets.publishing.service.gov.uk/media/5c191358ed915d0c3d63f6ab/Somalia_case_st udy.pdf

11. World Peace Foundation (2013) "Patterns of Violence in Somalia." [Online] Available at: https://sites.tufts.edu/wpf/files/2019/12/Patterns-of-Violence-in-Somalia.pdf

12. Irving M. Copi, Carl Cohen & Kenneth McMahon (2014) *Introduction to Logic*. Fourteenth Edition, Pearson.

13. Annarita Puglielli & Cabdalla Mansuur (2012) *Qaamuuska Af-Soomaaliga*. Universita degli Studi Roma Tre.

14. Abwaan Cabdullaahi Suldaan Timacadde (1969) "Dugsi ma leh Qabyaaladi..." [Online] Available at: https://www.farshaxan.com/Gabayaa/timacade.html

15. Jonathan Barnes (1991) *Categories: Complete Works of Aristotle*. Princeton University Press, N.J.

16. Cimaaduddiin Ismaaciil Ibnu Kathiir (2000) *Tafsir Ibn Kathir*. First Edition, مؤسسة قرطبة.

17. Peter L. Berger & Thomas Luckmann (1966) *The Social Construction of Reality: A Treatise in the Sociology of Knowledge*. Penguin Books.

18. Abdi Ismail Samatar (2000) "Debating Somali Identity in a British Tribunal: The Case of the BBC Somali Service." *Bildhaan*, vol. 10.

19. Kathleen Hatley (1973) *Hegel's Moral Alienation*. Flaming Rainbow University, Stilwell, Oklahoma.

20. Thomas Hobbes (1651) *Leviathan*. London, St. Paul's Church-Yard.

21. John Locke (1823) *Two Treatises of Government*. London, Thomas Tegg.

22. Jean-Jacques Rousseau (2017) *The Social Contract*. Jonathan Bennett.

23. Francis Bacon (1630) *Novum Organum*. P. F. Collier & Son, New York.

24. Geoffrey C. Kellow & Neven Leddy (2016) *On Civic Republicanism*. University of Toronto Press.

25. Francis Macdonald Cornford (1941) *The Republic of Plato*. Oxford University Press.

26. W. D. Ross (1999) *Nicomachean Ethics: Aristotle*. Batoche Books, Kitchener.

27. Al-Marsuuqi Yacrub Abu. خلدون. مركز الدراسات الوحدة العربية ((1994 إصلاح العقل في الفلسفة العربية من واقعية أرسطو وأفلاطون إلى اسمية ابن وابن تيمية

28. Franz Rosenthal (2005) *Ibn Khaldun: The Muqaddimah -An Introduction to History*. Princeton University Press.

29. Benjamin Jowett (1999) *Politics: Aristotle*. Batoche Books, Kitchener. [Online] Available at: https://historyofeconomicthought.mcmaster.ca/aristotle/Politics.pdf

30. Jean Jacques Rousseau (2017) *The Social Contract*. Jonathan Bennett.

31. A. C. Grayling (2019) *The History of Philosophy*. The Openbook Buet.

32. Jamhuuriyadda Federaalka ee Soomaaliya (2012) "Dastuurka ku Meel-gaarka." Available at: https://unpos.unmissions.org/sites/default/files/old_dnn/120913%20Somali%20Federal%20C onstitution%20%28Final%20Somali%20version%29.pdf

33. Abdi Ismail Samatar (1997) "Leadership and Ethnicity in The Making of Afrikan State Models: Botswana Versus Somalia." Third World Quarterly, Vol. 18, No. 4, pp. 678-707.

34. John Christman (2002) *Social and Political Philosophy: A Contemporary Introduction*. Routledge, London and New York.

35. I. M. Lewis (1961) *A Pastoral Democracy*. Oxford University Press. Charles Tilly (2007) Democracy. Cambridge University Press.

36. Abraham Lincoln (1863) "Gettysburg Address." Library of Congress. Available at: https://www.loc.gov/resource/rbpe.24404500/?st=pdf

37. Paula Becker and Jean-Aimé A. Raveloson (2008) *What is Democracy?* KMF-CNOE & NVA STELLA. Available at: https://library.fes.de/pdf-files/bueros/madagaskar/05860.pdf

38. Economist Intelligence (2022) "Democracy Index 2022: Frontline Democracy and The Battle for Ukraine." Available at: https://www.protagon.gr/wp-content/uploads/2023/02/Democracy- Index-2022-final.pdf

39. Al-Qur'aan Al-Kariim. *Suuradda Shuuraa, Aayadda 38*.

40. Al-Marsuuqi (تونس -للنشر المتوسطية الدار. التفسير في الجلي) 2010. Yacrub Abu

41. W. Montgomery Watt (1961) *Muhammad: Prophet and Statesman.* Oxford University Press.

42. Kaafuuri (المنورة الإسلامية، المدينة الجامعة. المختوم الرحيق) 1994. Almubaar Alraxmaan Safiyu

43. Karen Armstrong (2007) *Muhammad: A Prophet for Our Time.* HarperCollins.

44. Joel Hayward (2021) *The Leadership of Muhammad: A Historical Reconstruction.* Claritas Books.الحضارة الإسلامية من الفتنة الكبرى إلى Al-Shinqiidi Mukhtaar Muxamed (في الدستورية الأزمة 2018 والدولية. العربي الربيع. منتدى العلاقآت العربية

45. Benjamin Jowett (2021) *Plato's Statesman: An Introduction and Analysis.* Okur Yazar Dernegi Yayinlari.

46. Ales Havlicek, Jakub Jirsa, and Karel Thein (2013) *Plato's Statesman.* OIKOYMENH.

47. Anthony Kenny (2004) *A New History of Western Philosophy: Ancient Philosophy.* Oxford University Press.

48. Benjamin Jowett (1999) *Politics: Aristotle.* Batoche Books, Kitchener. Available at: https://historyofeconomicthought.mcmaster.ca/aristotle/Politics.pdf

49. Jürgen Habermas (1981) *Theory of Communicative Action: Reason and the Rationalisation of Society.* Vol. 1. Translated by Thomas McCarthy (1984). Beacon Press.

50. 1961. (المصرية، القاهرة الكتاب دار. النهضة شروط: الحضارة مشكلات) Nabi Ibnu Malik

51. Oswald Spengler (1936) *The Decline of the West.* Translated by Alfred A. Knopf, New York. Harold Nelson (1982) *Somalia: A Country Study.* American University, Third Edition. Library of Congress.

52. Said Samatar & David Laitin (1987) *Somalia: A Nation in Search of a State*. Avalon.

53. I. M. Lewis (1965) *A Modern History of Somalia: Nation and State in the Horn of Afrika*. Westview Press.

54. Abdi Ismail Samatar (2000) "Debating Somali Identity in a British Tribunal: The Case of the BBC Somali Service." *Bildhaan*, Vol. 10.

55. Irving M. Copi, Carl Cohen, and Kenneth McMahon (2014) *Introduction to Logic*. Pearson, Fourteenth Edition.

56. Annarita Puglielli and Cabdalla Mansuur (2012) *Qaamuuska Af-Soomaaliga*. Universita degli Studi Roma Tre.

57. Peter L. Berger & Thomas Luckmann (1966) *The Social Construction of Reality: A Treatise in the Sociology of Knowledge*. Penguin Books.

58. Thomas Hobbes (1651) *Leviathan*. London: St. Paul's Church-yard.

59. John Locke (1823) *Two Treatises of Government*. London: Thomas Tegg. Francis Bacon (1630) Novum Organum. P. F. Collier & Son, New York.

60. Geoffrey C. Kellow and Neven Leddy (2016) *On Civic Republicanism*. University of Toronto Press.

61. Francis Macdonald Cornford (1941) *The Republic of Plato*. Oxford University Press.

62. W. D. Ross (1999) *Nicomachean Ethics: Aristotle*. Batoche Books, Kitchener.

63. ابن اسمية إلى وأفلاطون أرسطو واقعية من العربية الفلسفة في العقل إصلاح Abu Yacrub Al-Marsuuqi(١٩٩٤) خلدون. مركز الدراسات الودة العربية. وابن تيمية

64. Franz Rosenthal (2005) *The Classical Heritage in Islam*. Routledge.

65. Noah Lemos (2007). *An Introduction to the Theory of Knowledge*. Cambridge University Press.

66. Edward Zeller (1886). *Outlines of the History of Greek Philosophy*. Longmans, Green, and Co., London.

67. John Marshall (1891). *A Short History of Greek Philosophy*. Percival and Co., London.

68. W. T. Stace (1960). *A Critical History of Greek Philosophy*. Macmillan & Co. Ltd., London; St. Martin's Press, New York.

69. W. C. K. Guthrie (1962). A History of Greek Philosophy: The Earlier Pre-Socratics and the Pythagoreans. Volume 1. Cambridge University Press.

70. John Burnet (1924). *Greek Philosophy: Thales to Plato*. Macmillan and Co., St. Martin's Street, London.

71. John Burnet (1920). *Early Greek Philosophy*. A & C Black, London. 3rd Edition.

72. Yefei Shen (2020). *Arguing for the Truth: The Conflict of Truth and Rhetoric and Its Ramifications in Plato's and Socrates' Educational Ideologies*. Yale University.

73. Thomas A. Firey (1999). "Socrates' Conception of Knowledge and the Priority of Definition." Master of Arts in Philosophy. Virginia Tech.

74. Gabriele Galluzzo & Michael J. Loux (2015). *The Problem of Universals in Contemporary Philosophy*. Cambridge University Press.

75. Robert Audi (1998). *Epistemology: A Contemporary Introduction to the Theory of Knowledge*. Routledge, London and New York.

76. Francis M. Cornford (1957). *Plato's Theory of Knowledge*. Oxford University Press. Francis Macdonald Cornford (1941). *The Republic of Plato*. Oxford University Press.

77. A. C. Grayling (2019). *The History of Philosophy*. The Open Book.

78. Georgios Anagnostopoulos (2009). *A Companion to Aristotle*. Wiley-Blackwell.

79. Werner Jaeger (1934). *Aristotle: Fundamentals of the History of His Development*. Oxford University Press.

80. Jonathan Barnes (2002). *Aristotle: Posterior Analytics*. 2nd Edition. Oxford University Press. Aristotle. *Prior Analytics*. Translated by A. J. Jenkinson.

81. Aristotle. *Topics*. (350 BC). Translated by W. A. Pickard-Cambridge.

82. Aristotle. *Physics. Complete Works*. Edited by Jonathan Barnes. Princeton University Press, Princeton, N.J.

83. W. D. Rose (1999). *Nicomachean Ethics*. Batoche Books, Kitchener.

84. John Burnet (1924). Greek Philosophy: *Thales to Plato. Macmillan and Co.*, St. Martin's Street, London.

85. Julia Annas & Jonathan Barnes (2007). *Sextus Empiricus: Outlines of Scepticism*. 7th Printing. Cambridge University Press.

86. Charles Freeman (2002). *The Closing of the Western Mind: The Rise of Faith and the Fall of Reason*. Vintage Books.

87. David J. Yount (2017). *Plato and Plotinus on Mysticism, Epistemology, and Ethics*. Bloomsbury Academy.

88. A. H. Armstrong (1953). *Plotinus*. George Allen & Unwin Ltd.

89. Seyyed Hossein Nasr (2006). *Islamic Philosophy from Its Origin to the Present*. State University of New York Press.

90. S. Abhayananda (2007). *Plotinus: The Origin of Western Mysticism*. Swami Abhayananda.

91. Brian James Grey (1977). *The Active Theory of Knowledge in St. Augustine*. McMaster University.

92. Terence Allan (1997). *The Epistemology of St. Thomas Aquinas with Special Reference to Summa Theologiae* 1 q84. Glasgow University.

93. Paul Parsons (2018). *The Beginning and the End of Everything: From the Big Bang to the End of the Universe.* Michael O'Mara Books Limited.

94. Stephen L. Brock (2015). *The Philosophy of St. Thomas Aquinas: A Sketch.* Cascade Books. Lex Newman (2005). *Descartes' Rationalist Epistemology.* Blackwell.

95. Alfred North Whitehead (1978). *Process and Reality*: An Essay in Cosmology. The Free Press.

96. Edmond Gettier (1963). "Is Justified True Belief Knowledge?" *Analysis*, Vol. 23.

97. Alvin I. Goldman & Dennis Whitcomb (2011). *Social Epistemology: Essential Readings.* Oxford University Press.

98. Karl Mannheim (1952). *Essays on the Sociology of Knowledge.* Routledge and Kegan Paul Ltd.

99. J. W. Carroll & N. Markosian (2010). *An Introduction to Metaphysics.* Cambridge University Press.

100. E. J. Lowe (2001). *The Possibility of Metaphysics: Substance, Identity, and Time.* Oxford University Press.

101. M. J. Loux (2006). *Metaphysics: A Contemporary Introduction.* Routledge.

102. C. A. Corr (1973). "The Existence of God, Natural Theology, and Christian Wolff." *International Journal for Philosophy of Religion*, Vol. 4, No. 2, pp. 105-118.

103. Jeff Speaks (2018). *Berkeley's Idealism.* Phil 30304.

104. A. J. Ayer (1935). *Language, Truth and Logic.* 11 Foubert's Place, London.

105. Leibniz. *Discourse on Metaphysics*. Translated by George Montgomery (1918). The Open Court and Cornell University Press.

106. Franz Brentano (1975). *On the Senses of Being in Aristotle*. University of California Press.

107. Jussi Backman (2018). "Being Itself and the Being of Beings: Reading Aristotle's Critique of Parmenides (Physics 1.3) after Metaphysics." *Epoché: A Journal for the History of Philosophy*, Vol. 22, No. 2, pp. 271–291.

108. Immanuel Kant (1997). *Groundwork of the Metaphysics of Morals*. Translated by Mary Gregor & Christine M. Korsgaard. Cambridge University Press.

109. Werner Jaeger (1936). *The Theology of the Early Greek Philosophers*. Oxford University Press.

110. Majid Fakhry (2004). *A History of Islamic Philosophy*. Columbia University Press. 3rd Edition.

RAADRAAC

Al-Shinqiidi Mukhtaar Muxamed.
الحضارة الإسلامية من الفتنة الكبرى إلى الربيع العربي في الأزمة الدستورية (2018)

Nabi Nabi Ibnu Malik.
الحضارة: شروط النهضة. دار الكتاب القاهرة، المصرية، مشكلات (1961)

Kaafuuri Almubaar Alraxmaan Safiyu.
الرحيق المختوم. الجامعة المدينة، المنورة الإسلامية (1994)

Al-Marsuuqi Yacrub Abu.
التفسير في الجلي (2010). الدار المتوسطية للنشر- تونس
منتدى العلاقات العربية والدولية.

_____. (2000) Debating Somali Identity in a British Tribunal: The Case of the BBC Somali Service. Bildhaan, Vol. 10.

_____. (2000) Debating Somali Identity in a British Tribunal: The Case of the BBC Somali Service. Bildhaan, Vol. 10.

A. C. Grayling (2019) The History of Philosophy. The Openbook Buet.

A. C. Grayling (2019). The History of Philosophy. The Open Book.

A. H. Armstrong (1953). Plotinus. George Allen & Unwin Ltd.

A. J. Ayer (1935). Language, Truth and Logic. 11 Foubert's Place, London.

Abdi Ismail Samatar (1997) Leadership and Ethnicity in the Making of Africa Afrikan State Models: Botswana Versus Somalia. Third World Quarterly, Vol. 18, No. 4, pp. 678–707.

Abdurahman Abdullahi Baadiyow (2020) Somali Elite Political Culture: Conceptions, Structures, and Historical Evolution. A Peer-Reviewed Academic Journal for Somali Studies, Vol. 5, pp. 30–92.

Abraham Lincoln (1863) Gettysburg Address. Library of Congress. Available at: https://www.loc.gov/resource/rbpe.24404500/?st=pdf

Abwaan Axmed Ismaaciil Diire (1964) Gabaygii Isma Doorin. [Online] Available at: https://www.farshaxan.com/Gabayaa/Qaasim.html

Abwaan Cabdullaahi Suldaan Timacadde (1969) Dugsi Maleh ma leh Qabyaaladi. [Online] Available at: https://www.farshaxan.com/Gabayaa/timacade.html

Ales Havlicek, Jakub Jirsa, and Karel Thein (2013) Plato's Statesman. OIKOYMENH.

Alfred North Whitehead (1978). Process and Reality: An Essay in Cosmology. The Free Press. Alvin I. Goldman & Dennis Whitcomb (2011). Social Epistemology: Essential Readings. Oxford

Annarita Puglielli & Cabdalla Mansuur (2012) Qaamuuska Af-Soomaaliga. Universita degli Studi Roma Tre.

Annarita Puglielli and Cabdalla Mansuur (2012) Qaamuuska Af-Soomaaliga. Universita degli Studi Roma Tre.

Anthony Kenny (2004) A New History of Western Philosophy: Ancient Philosophy. Oxford University Press.

Aristotle. Physics. Complete Works. Edited by Jonathan Barnes. Princeton University Press, Princeton, N.J.

Aristotle. Prior Analytics. Translated by A. J. Jenkinson.

Aristotle. Topics. (350 BC). Translated by W. A. Pickard-Cambridge.

Benjamin Jowett (1999) Politics: Aristotle. Batoche Books, Kitchener. [Online] Available at: https://historyofeconomicthought.mcmaster.ca/aristotle/Politics.pdf

Benjamin Jowett (1999) Politics: Aristotle. Batoche Books, Kitchener. Available at: https://historyofeconomicthought.mcmaster.ca/aristotle/Politics.pdf

Benjamin Jowett (2021) Plato's Statesman: An Introduction and Analysis. Okur Yazar Dernegi Yayinlari.

Brian James Grey (1977). The Active Theory of Knowledge in St. Augustine. McMaster University.

C. A. Corr (1973). "The Existence of God, Natural Theology, and Christian Wolff." International Journal for Philosophy of Religion, Vol. 4, No. 2, pp. 105-118.

Cambridge University Press.

Charles Freeman (2002). The Closing of the Western Mind: The Rise of Faith and the Fall of Reason. Vintage Books.

Charles Tilly (2007) Democracy. Cambridge University Press.

Cimaaduddiin Ismaaciil Ibnu Kathiir (2000) Tafsir Ibn Kathir. First Edition, مؤسسة قرطبة.

David J. Yount (2017). Plato and Plotinus on Mysticism, Epistemology, and Ethics. Bloomsbury Academy.

E. J. Lowe (2001). The Possibility of Metaphysics: Substance, Identity, and Time. Oxford University Press.

Economist Intelligence (2022) Democracy Index 2022: Frontline Democracy and The Battle for Ukraine. Available at: https://www.protagon.gr/wp-content/uploads/2023/02/Democracy-Index-2022-final.pdf

Edmond Gettier (1963). Is Justified True Belief Knowledge? Analysis, Vol. 23.

Edward Zeller (1886). Outlines of the History of Greek Philosophy. Longmans, Green, and Co., London.

Francis Bacon (1630) Novum Organum. P. F. Collier & Son, New York.

Francis Bacon (1630) Novum Organum. P. F. Collier & Son, New York.

Francis M. Cornford (1957). Plato's Theory of Knowledge. Oxford University Press. Francis Macdonald Cornford (1941) The Republic of Plato. Oxford University Press. Francis Macdonald Cornford (1941) The Republic of Plato. Oxford University Press. Francis Macdonald Cornford (1941). The Republic of Plato. Oxford University Press. Franz Brentano (1975). On the Senses of Being in Aristotle. University of California Press.

Franz Rosenthal (2005) Ibn Khaldun: The Muqaddimah - -An Introduction to History. Princeton University Press.

Franz Rosenthal (2005) The Classical Heritage in Islam. Routledge.

Gabriele Galluzzo & Michael J. Loux (2015). The Problem of Universals in Contemporary Philosophy. Cambridge University Press.

Geoffrey C. Kellow & Neven Leddy (2016) On Civic Republicanism. University of Toronto Press. Geoffrey C. Kellow and Neven

Leddy (2016) On Civic Republicanism. University of Toronto Press. Georgios Anagnostopoulos (2009). A Companion to Aristotle. Wiley-Blackwell.

Harold Nelson (1982) Somalia: A Country Study. American University, Third Edition. Library of Congress.

Harold Nelson (1982) Somalia: A Country Study. Third Edition, Library of Congress.

I. M. Lewis (1961) A Pastoral Democracy. Oxford University Press.

I. M. Lewis (1961) A Pastoral Democracy. Oxford University Press.

I. M. Lewis (1965) A Modern History of Somalia: Nation and State in the Horn of Africa Afrika. Westview Press.

I. M. Lewis (1965) A Modern History of Somalia: Nation and State in the Horn of Africa Afrika. Westview Press.

Immanuel Kant (1997). Groundwork of the Metaphysics of Morals. Translated by Mary Gregor & Christine M. Korsgaard. Cambridge University Press.

Irving M. Copi, Carl Cohen & Kenneth McMahon (2014) Introduction to Logic. Fourteenth Edition, Pearson.

Irving M. Copi, Carl Cohen, and Kenneth McMahon (2014) Introduction to Logic. Pearson, Fourteenth Edition.

J. W. Carroll & N. Markosian (2010). An Introduction to Metaphysics. Cambridge University Press.

Jamhuuriyadda Federaalka ee Soomaaliya (2012) Dastuurka ku Meelgaarka. Available at: https://unpos.unmissions.org/sites/default/files/old_dnn/120913%20Somali%20Federal%20C onstitution%20%28Final%20Somali%20version%29.pdf

Jean Jacques Rousseau (2017) The Social Contract. Jonathan Bennett. Jean-Jacques Rousseau (2017) The Social Contract. Jonathan Bennett. Jeff Speaks (2018). Berkeley's Idealism. Phil 30304.

Joel Hayward (2021) The Leadership of Muhammad: A Historical Reconstruction. Claritas Books. John Burnet (1920). Early Greek Philosophy. A & C Black, London. 3rd Edition.

John Burnet (1924). Greek Philosophy: Thales to Plato. Macmillan and Co., St. Martin's Street, London.

John Burnet (1924). Greek Philosophy: Thales to Plato. Macmillan and Co., St. Martin's Street, London.

John Christman (2002) Social and Political Philosophy: A Contemporary Introduction. Routledge, London and New York.

John Locke (1823) Two Treatises of Government. London, Thomas Tegg. John Locke (1823) Two Treatises of Government. London: Thomas Tegg.

John Marshall (1891). A Short History of Greek Philosophy. Percival and Co., London.

Jonathan Barnes (1991) Categories: Complete Works of Aristotle. Princeton University Press, N.J. Jonathan Barnes (2002). Aristotle: Posterior Analytics. 2nd Edition. Oxford University Press.

Julia Annas & Jonathan Barnes (2007). Sextus Empiricus: Outlines of Scepticism. 7th Printing.

Jürgen Habermas (1981) Theory of Communicative Action: Reason and the Rationalisation of Society. Vol. 1. Translated by Thomas McCarthy (1984). Beacon Press.

Jussi Backman (2018). "Being Itself and the Being of Beings: Reading Aristotle's Critique of Parmenides (Physics 1.3) after

Metaphysics." Epoché: A Journal for the History of Philosophy, Vol. 22, No. 2, pp. 271-291.

Karen Armstrong (2007) Muhammad: A Prophet for Our Time. HarperCollins.

Karl Mannheim (1952). Essays on the Sociology of Knowledge. Routledge and Kegan Paul Ltd. Kathleen Hatley (1973) Hegel's Moral Alienation. Flaming Rainbow University, Stilwell,

Ken Menkhaus (2018) Elite Bargains and Political Deals Project: Somalia Case Study. [Online] Available at: https://assets.publishing.service.gov.uk/media/5c191358ed915d0c3d63f6ab/Somalia_case_study.pdf

Leibniz. Discourse on Metaphysics. Translated by George Montgomery (1918). The Open Court and Cornell University Press.

Lex Newman (2005). Descartes' Rationalist Epistemology. Blackwell.

M. J. Loux (2006). Metaphysics: A Contemporary Introduction. Routledge.

Majid Fakhry (2004). A History of Islamic Philosophy. Columbia University Press. 3rd Edition. Martin's Press, New York.

Noah Lemos (2007). An Introduction to the Theory of Knowledge. Cambridge University Press. Oswald Spengler (1936) The Decline of the West. Translated by Alfred A. Knopf, New York.

Oklahoma.

Oswald Spengler (1936) The Decline of the West. Translated by Alfred A. Knopf, New York.

Paul Parsons (2018). The Beginning and the End of Everything: From the Big Bang to the End of the Universe. Michael O'Mara Books Limited.

Paula Becker and Jean-Aimé A. Raveloson (2008) What is Democracy? KMF-CNOE & NVA STELLA. Available at: https://library.fes.de/pdf-files/bueros/madagaskar/05860.pdf

Peter L. Berger & Thomas Luckmann (1966) The Social Construction of Reality: A Treatise in the Sociology of Knowledge. Penguin Books.

Peter L. Berger & Thomas Luckmann (1966) The Social Construction of Reality: A Treatise in the Sociology of Knowledge. Penguin Books.

Robert Audi (1998). Epistemology: A Contemporary Introduction to the Theory of Knowledge. Routledge, London and New York.

S. Abhayananda (2007). Plotinus: The Origin of Western Mysticism. Swami Abhayananda.

Said Samatar & David Laitin (1987) Somalia: A Nation in Search of a State. Avalon. Said Samatar & David Laitin (1987) Somalia: A Nation in Search of a State. Avalon.

Seyyed Hossein Nasr (2006). Islamic Philosophy from Its Origin to the Present. State University of New York Press.

Stephen L. Brock (2015). The Philosophy of St. Thomas Aquinas: A Sketch. Cascade Books. Suuradda Shuuraa, Aayadda 38. Al-Qur'aan Al-Kariim.

Terence Allan (1997). The Epistemology of St. Thomas Aquinas with Special Reference to Summa Theologiae 1 q84. Glasgow University.

Thomas A. Firey (1999). Socrates' Conception of Knowledge and the Priority of Definition. Master of Arts in Philosophy. Virginia Tech.

Thomas Hobbes (1651) Leviathan. London, St. Paul's Church-Yard. Thomas Hobbes (1651) Leviathan. London: St. Paul's Church-yard.

UNHCR (2009) Clans in Somalia. [Online] Available at: https://www.refworld.org/pdfid/4b29f5e82.pdf University Press.

USAID (2010) Tribalism, Governance, and Development. [Online] Available at: https://www.msiworldwide.com/sites/default/files/additional-resources/2018- 11/Tribalism%20 Governance%20and%20Dev%202010.pdf

W. C. K. Guthrie (1962). A History of Greek Philosophy: The Earlier Pre-Socratics and the Pythagoreans. Volume 1. Cambridge University Press.

W. D. Rose (1999). Nicomachean Ethics. Batoche Books, Kitchener.

W. D. Ross (1999) Nicomachean Ethics: Aristotle. Batoche Books, Kitchener.

W. D. Ross (1999) Nicomachean Ethics: Aristotle. Batoche Books, Kitchener.

W. Montgomery Watt (1961) Muhammad: Prophet and Statesman. Oxford University Press.

W. T. Stace (1960). A Critical History of Greek Philosophy. Macmillan & Co. Ltd., London; St.

Werner Jaeger (1934). Aristotle: Fundamentals of the History of His Development. Oxford University Press.

Werner Jaeger (1936). The Theology of the Early Greek Philosophers. Oxford University Press.

World Peace Foundation (2013) Patterns of Violence in Somalia. [Online] Available at: https://sites.tufts.edu/wpf/files/2019/12/Patterns-of-Violence-in-Somalia.pdf

Yefei Shen (2020). Arguing for the Truth: The Conflict of Truth and Rhetoric and Its Ramifications in Plato's and Socrates' Educational Ideologies. Yale University.

وابن تيمية ابن اسمية إلى وأفلاطون أرسطو واقعية من العربية الفلسفة في العربية الوحدة Al-Marsuuqi Yacrub Abuالعقل إصلاح (١٩٩٤). مركز الدراسات. خلدون

وابن تيمية ابن اسمية إلى وأفلاطون أرسطو واقعية من العربية الفلسفة في العقل العربية الودة الدراسات Al-Marsuuqi Yacrub Abuإصلاح (١٩٩٤). مركز. خلدون

www.ingramcontent.com/pod-product-compliance
Lightning Source LLC
Chambersburg PA
CBHW030319080526
44584CB00012B/620